JN121577

ズボラ母さんのゆる貯め節約術

夫婦&男子3人マルサイ家

作・マルサイ

扶桑社

はじめに

男子3人を育てながら、
等身大の暮らしを発信する漫画家のマルサイ。
浪費はしないけど、数字が苦手で、家計はなんとなくのどんぶり勘定…。
こんなことではいけない！と、40代を前に、「家計管理」に挑戦することに。
食費に光熱費、レジャー費…。
できるところから少しずつ、改善して貯めていきます！

マルサイ家はこんなファミリー!

マルサイさん
(39歳→43歳)

お金の管理が苦手で、
アナログな現金主義。
食材や日用品以外の
買い物はめったにしない

夫
(50歳→54歳)

しっかり者で節約上手。
ポイ活や投資にも詳しい。
使うときは貯めて
ドカンと使うタイプ

三男
(4歳→8歳)

連載当初はまだ
「100円玉があれば
なんでも買える」と思う
お年頃だったが、無事に成長

二男
(7歳→11歳)

天真らんまんで
血の気が多い性格。
お金はあればあるだけ使う。
フェラーリを買うのが夢

長男
(9歳→13歳)

ストイックな貯め気質。
そのぶん、日用品は
なんでも親に
買ってもらおうとする

※( )内は、連載中の年齢の移り変わりです

目次

節約レシピ

ポイント獲得実績
○月×日
R天市場 +65ポイント
○月×日
R天市場 +120ポイント
○月×日
R天市場 +100ポイント
○月×日
R天市場 +50

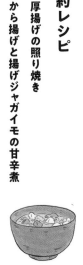

第1章

食費編

毎日意識する費目といえば、やっぱり食費。
3人兄弟の腹ペコを満たすため
節約食材やかさ増しテクを駆使します！

食費の目標設定

1か月前
担当Mさんと新連載の打ち合わせ
家事や生活スタイルについてはだいぶ方向性が定まってきたので次は食費の節約に挑戦してみたいです!!
ハキ
ハキ
Mさん
あと家計の見直しも!!
現在
ああ〜気持ちが高まりすぎてついいきすぎた発言をしてしまった〜〜
ガバッ
いや、確かにずっと前から節約をしなくちゃと思っていたし今この瞬間から始めねばと思ってはいる！
でも…でもでも家計管理なんてしたことないし節約とか帳簿つけとか数字とか計算とか計画とか超苦手分野で…!!
それなのに節約がテーマに決まるなんて!!
どうしたらいいのォォ
オレもお腹に肉ついてきてどうしよう…
ガシッ
?
ひとまず心を落ち着かせて節約成功者たちのリサーチから始めるとしよう
どれどれ
うわ〜
ケースがさまざますぎてどのお宅を参考にすればいいのやら
家族構成も子の年齢もうちとは違う
みんなの家計簿 節約実践
4人家族 Cさん
子ども 長男14才 二男11才
月の食費 4万円
5人家族 Aさん
子ども 長女12才 長男4才 二女3才
月の食費 3.5万円
3人家族 Bさん
子ども 長男10才
月の食費 2.5万円
皆目見当がつかないとはまさにこのこと!!

ずっと先送りにしてきたお金のこと。

「お金管理が大の苦手」だけど家計改善にチャレンジします！

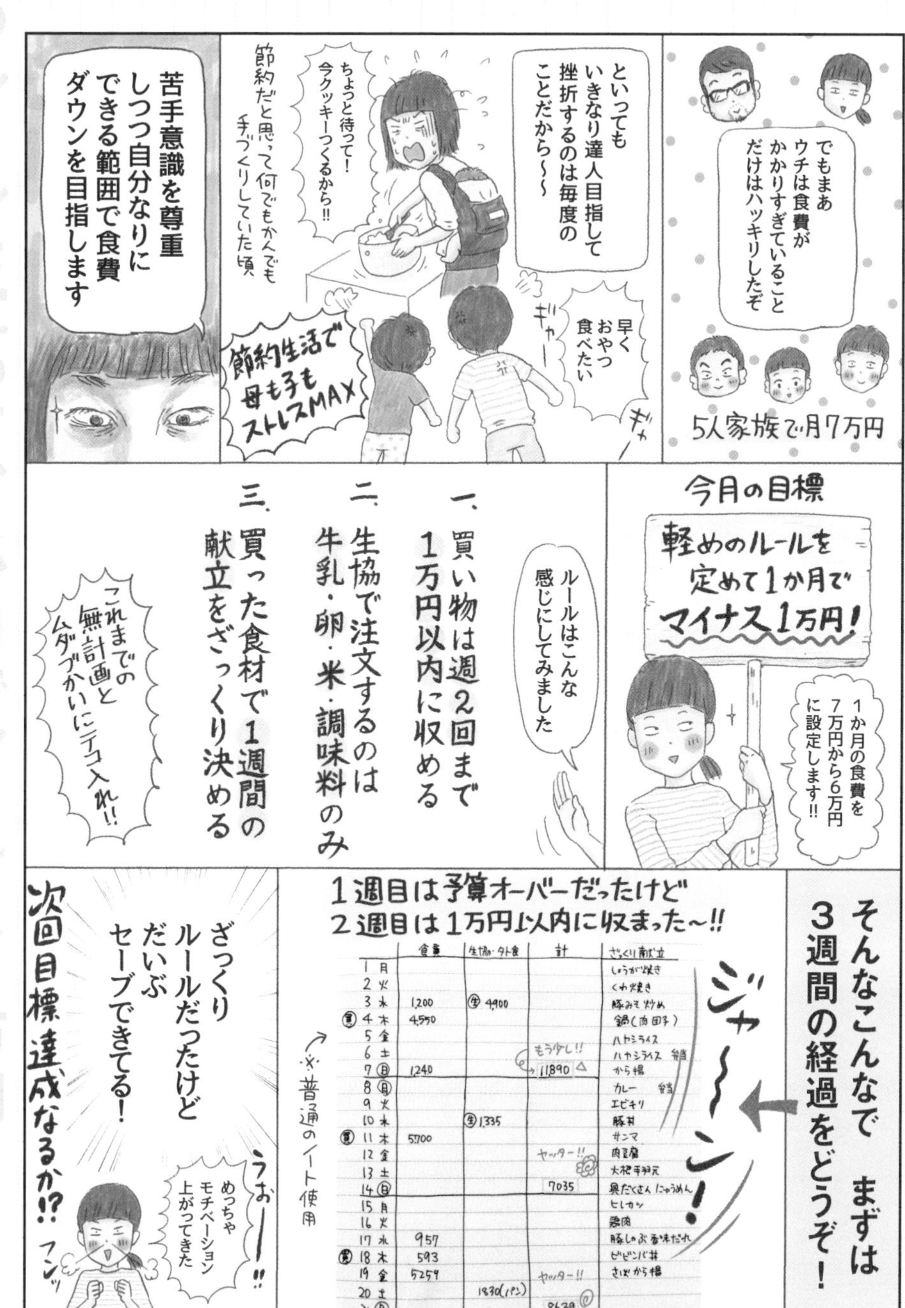

でもまあ ウチは食費がかかりすぎていることだけはハッキリしたぞ
5人家族で月7万円
といっても いきなり達人目指して挫折するのは毎度のことだから〜
ちょっと待って！ 今クッキーつくるから!!
節約だと思って何でもかんでも手づくりしていた頃
早く おやつ 食べたい
ギャー
ギャ
節約生活で母も子もストレスMAX
苦手意識を尊重しつつ自分なりにできる範囲で食費ダウンを目指します
今月の目標
軽めのルールを定めて1か月でマイナス1万円！
1か月の食費を7万円から6万円に設定します!!
ルールはこんな感じにしてみました
一、買い物は週2回まで1万円以内に収める
二、生協で注文するのは牛乳・卵・米・調味料のみ
三、買った食材で1週間の献立をざっくり決める
これまでの無計画とムダづかいにテコ入れ!!
そんなこんなで まずは3週間の経過をどうぞ！
1週目は予算オーバーだったけど
2週目は1万円以内に収まった〜!!
ジャ〜ン！
※普通のノート使用
ざっくりルールだったけど だいぶセーブできてる！
うおーー!!
めっちゃモチベーション上がってきた
フンッ
次回目標達成なるか!?

		食費	生協・外食	計	ざっくり献立
	1 月				しょうが焼き
	2 火				くわ焼き
	3 水	1,200	(生) 4,900		豚みそ炒め
(買)	4 木	4,550			鍋(肉団子)
	5 金				ハヤシライス
	6 土			もう少し!!	ハヤシライス 弁当
	7 (日)	1,240		11890 △	から揚
	8 (月)				カレー 弁当
	9 火				エビチリ
	10 水		(生) 1,335		豚丼
(買)	11 木	5,700			サンマ
	12 金			ヤッター!!	肉豆腐
	13 土				大根手羽元
	14 (日)			7035	具だくさん にゅうめん
	15 月				ヒレカツ
	16 火				鶏肉
	17 水	957			豚しゃぶ香味だれ
(買)	18 木	593			ビビンバ丼
	19 金	5259		ヤッター!!	さばから揚
	20 土		1830(パン)		
	21 (日)			8639 ◎	

軽めのルールを定めて、1か月でマイナス1万円！

まとめ買いで節約

マイルール
1万円食費ダウンを目指しはや1か月…
・買い物は週2回1万円まで
・1週間の献立をざっくり決める
フム…鶏手羽元がこの量で540円か
さっきの99円の大根も買えば2回分の煮物が仕込めるな…
ヨシ!! 手羽元買うか!
副菜は4本199円のキュウリで今日はオイキムチ明日は塩昆布あえをつくろう
いいね いいね〜
んんん?!
ひき肉が100g88円とな…!? これ最近の底値やん!!
これは多めに買っておくべし!
ぐぐぐ
じー
ひき肉…ひき肉…え〜と
◎ビビンバ◎ハンバーグ
◎白菜のうま煮
◎野菜炒め
ヨシ!! これで主菜が4回分つくれるぞ!!
2回分は冷凍して来週使おう!!
肉の日特売!
と、このように
献立をざっくり決めながら食材を選ぶので買い物時間は倍になりましたが
よっしゃあ〜〜!! 約7日分の食材の合計金額
5700円!!
めちゃ充実!!
よくやった!! 快挙!!
フンスーッ
ガサ
ガサ
そのおかげで毎日献立に悩まなくなり無駄な食材も買わずにすむようになりました

1万円食費ダウンを目指し早くも1か月。
献立を決めて食材を選ぶ方法に変えてみたら…。

おもな買い物は近所でいちばん安いスーパーで
週一回子どものそろばん教室の送迎ついで
主菜の肉・魚をだいたい1週間分あとは安めの野菜をランダムに選んで買います
子どものおやつもまとめ買い…
このおやつ代が意外とかかるのよね～…
おやつだ～♪
こうなったらおやつも手づくり…
いやいや、家事を増やすのはやめとこう!!
ジャムサンドとかもちでカサ増ししよう…
さていよいよ1か月の食費の集計です
お?
おお??
ええっ!?
マジで!?
合計
計 52,980-
※普通のノートを使用
ごまんにせんきゅうひゃくはちじゅうえん!!!
52980円!!
天に見せてる
ごっ…ごっ…まんっ…!!
なんと7万円が5万円台にダウン!!
うぉ～～
予想以上にダウンしてる!!
おののき中
いったい今まで差額の1万7000円はなにに使っていたのだ!?
次回その謎に迫る!!

食費が1万7000円も減った理由

1か月の食費を7万円から
約5万3000円まで
減らすことに成功!!
いったい今まで
差額の1万7000円は
なにに使っていたのだろうか⁉
それでは
うっわ〜〜〜…
節約前の1か月分の
レシートを分析して
いきたいと思います
この連載のために一枚残らずとっておいたがまったく分類してない
ドッサリ〜
10分後
ぐる〜ん
ぐる〜ん
ハァ
ハァ
うぅーーー
苦手分野すぎて
一向に進まないぃぃぃ〜〜
拒否反応が出るほど苦手
それでもなんとか
レシートと向き合う
39歳・主婦
こっちは食費…
こっちは雑貨…
ブツ
ブツ
ん…?
んんん…?
コンビニの
レシートが多いな…
外食もこんなに
したっけ?

見事、食費を減らすことに成功! 1か月のレシートから

無駄づかいの原因を探っていきます。そこでわかった驚愕の真実とは!?

回想中
三男をバス停に見送ったあとコンビニでコーヒーを買ったり
そういえば
制作のおともし♪
ちょっとしたオヤツを買ったり
平日
週2回のコンビニ通い
あ〜私も今日は主婦業休みたい〜
ダラ ダラ
よし!! お昼はマ●クで夜は中華屋さんで決まり!!
休日
やる気がないときの外食やテイクアウト
コンビニで1回買い物するたび500円…
外食・テイクアウトが1回につき3000〜4500円…
ヒ〜フ〜ミ〜…
月3回〜4回として… あ、1万7千円いくわ
食費がかかりすぎていたすべての原因は
無計画づかい
にあったのか〜〜!!
そんな気はしてたけど!!
1週間の買い物回数と献立を決めるルールを定めたことで
制作中に飲むコーヒーやオヤツをまとめ買い
コーヒー
チョコレート
コンビニ通いと思いつきの外食回数がぐっと減りました
ラーメン
どんぶり
レトルトカレー
休日のご飯づくりはカンタンにしちゃえ!!
ゆる家計簿
食費だけノートに記録
やってみると意外と楽しいかもしれない…少しだけ苦手意識が和らいだのでした

白菜を大量消費

2019年・冬
もうすぐ春なのに登園時のニット帽とマスクが手放せません（寝ぐせとスッピン対策）
もっさり…
食費の節約生活もはや4〜5か月
あいまい
わが家の食費の平均値がほんのり定まってきました
だいたい
52000円〜55000円
で落ち着いてます
一か月の食費
うむ
よくがんばっておる
買うものもだいたい定まりつつあります
野菜類
えのき
旬のお野菜
これを描いてる今は白菜や根菜類が安い
もやし
季節を問わず価格が一定のキノコ類やモヤシ
魚
ひき肉ボリュームパック
鶏ムネ肉2枚
鶏もも肉3枚
肉類
ウィンナ
ベーコン
豚肉500g
展開させやすい鶏肉・豚肉が多いです
常備おかず
はんぺん
納豆3パック
×2
ツナ
ちくわ
キムチ
果物
おやつ
パン
6枚切
パーティーパックスナックなど
パーティーパックおせんべいなど
パーティーパックチョコなど
買い物の金額も毎回ほぼ同じ6〜7000円で定着
普段使わない食材は即戦力にならないので、どんなに安くなっていても手を出さないという意志の強さも身につきました
ハッ
ホヤがめっちゃ安い…
（多少ゆらぐ主婦心）
タイムセール!
ホヤ半額!!

寒い時期の節約食材といえば白菜。家計を助けてくれる存在ですが
大量すぎると、料理する側にとっては戦いになることも…!?

ところで白菜シーズンの真っただ中に、大量の白菜がわが家に集結という珍事件(?)が起こりました
まず夫がどでかい白菜を持ち帰る
ただいま〜 トンカツ屋に行ったら白菜もらったよ〜
ドオーン
でっか!!
どうすんのそれ!!
しかもこの前日、実家から白菜½カットをもらったばかり…
←(安いから多めに買ったらしい)
その1週間後また実家から½カットもらう
※冷蔵庫の野菜室に前回もらった白菜がまだ残っている状態
実家からもらった白菜
ドーン
ドン
夫が持ち帰った白菜
冷蔵庫に入らず玄関に置く
みかん
幸い白菜が旬の時期だけあって主婦雑誌や料理雑誌などでは白菜レシピが盛りだくさん
よし!! 片っぱしからつくるぞ!!
旬の白菜で
←ウェブサイトなど
ピリ辛麻婆白菜
白菜のうま煮
白菜の煮びたし
白菜と豚肉のミルフィーユ鍋
白菜と肉の炒め物
白菜のレシピのバリエーションの豊かさと節約貢献度が半端ない
皆さんもぜひお試しくださいネ☆
白菜の
白菜たっぷりギョーザ
白菜とベーコンのミルク煮
白菜たっぷり水炊き鍋
白菜のコンソメ煮
白菜の辛みそ炒め
白菜の塩もみ
白菜たっぷりほうとう
白菜の浅漬け
白菜の
白菜の
白菜の
白菜の

ありがとう白菜! 食費節約の心強い友よ!

鶏胸肉で節約献立

主婦のゆううつTIME
ああ…今日も夕飯の時間がやってくる…
仕方ない…ご飯つくるか
ラ〜ん
今日のメインは「鶏胸肉を使ったなにか」という漠然とした計画はあるけど…さて、なにつくろう…
計画とは言えないくらいの漠然っぷり
う〜んと う〜んと あっ あれつくろうかな
ちょっと待って お母ちゃん今すっごく真剣な考えごとしてるからッッ
おかあちゃん今から音読するよっ
くそっ 今思いつきそうだったのに…!!!
ハァ…
もう考えるのがつらい とりあえず揚げる方向で…
マイルール『思考停止したら揚げ物』
ところで鶏胸肉ってモモ肉に比べると安いし下処理もラクだしヘルシーだしナイスな食材ですよね
大サイズ2枚で 約300円
◎脂肪やスジが少なくてさばきやすい
◎皮がペロッとカンタンにはがせる
火がとおりやすいように薄く切って〜
繊維を断ち切るように切るとパサパサ感がなくなるそうです
フー
今日いちばんの難所を乗り越えた!!
2枚の胸肉を6枚におろしました
1人当たりの肉の量が心もとないから
ガッツリした味つけて
ガッツリ小麦粉まぶして
ガリッと揚げて
食べごたえバッチリにしよう
肉の量を増やさずにご飯のすすみをよくさせるための悪あがき
小麦粉
ポリ袋

鶏胸肉をメインおかずに使って食費を抑えることに成功!
と思いきや、意外なところに落とし穴が…。

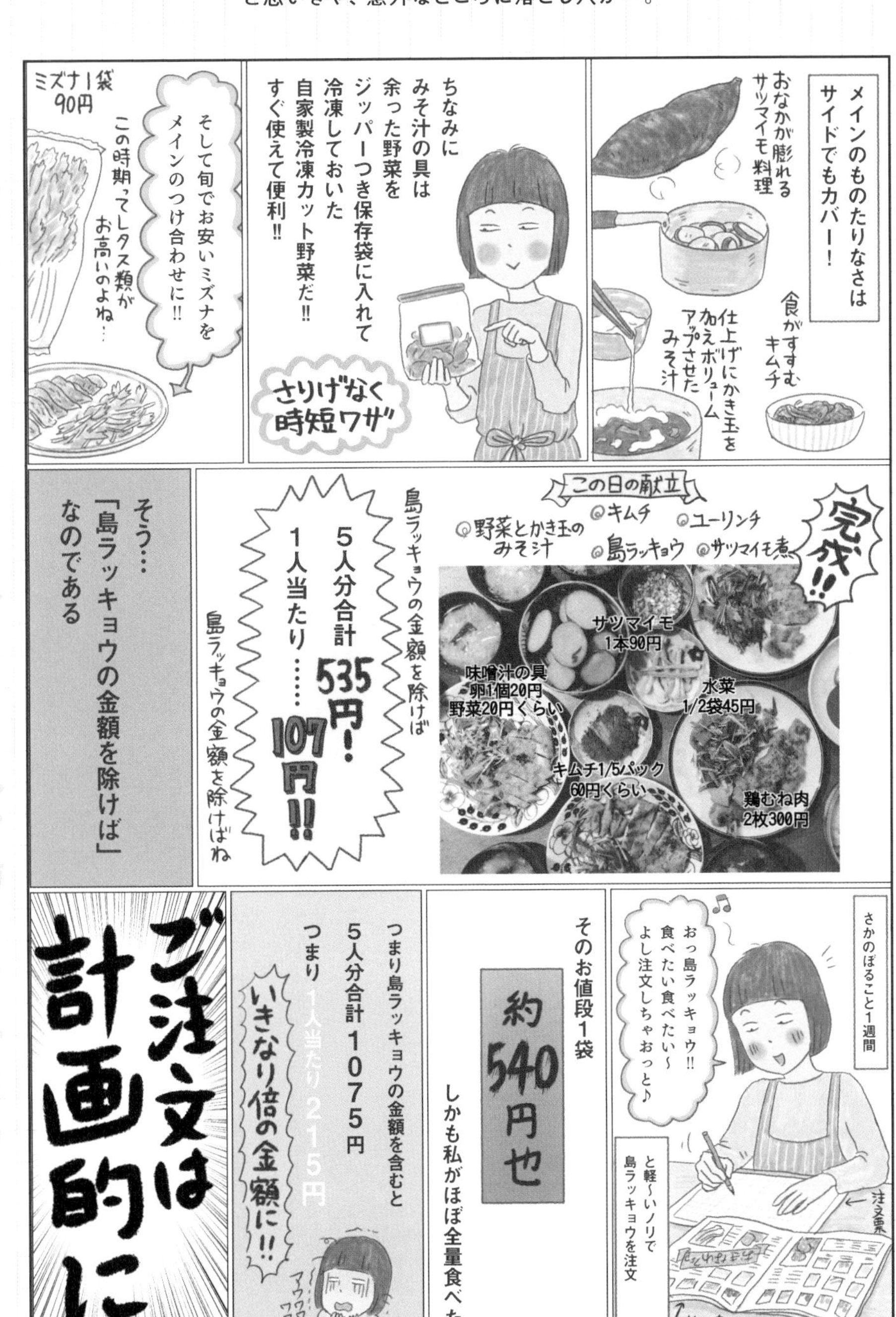
メインのものたりなさはサイドでもカバー!
おなかが膨れるサツマイモ料理
仕上げにかき玉を加えボリュームアップさせたみそ汁
食がすすむキムチ
ちなみにみそ汁の具は余った野菜をジッパーつき保存袋に入れて冷凍しておいた自家製冷凍カット野菜だ!!すぐ使えて便利!!
さりげなく時短ワザ
そして旬でお安いミズナをメインのつけ合わせに!!
この時期ってレタス類がお高いのよね…
ミズナ1袋90円
この日の献立
野菜とかき玉のみそ汁
キムチ
島ラッキョウ
ユーリンチ
サツマイモ煮
完成!!
サツマイモ1本90円
味噌汁の具 卵1個20円 野菜20円くらい
水菜1/2袋45円
キムチ1/5パック60円くらい
鶏むね肉2枚300円
島ラッキョウの金額を除けば
5人分合計535円!
1人当たり……107円!!
島ラッキョウの金額を除けばね
そう…「島ラッキョウの金額を除けば」なのである
さかのぼること1週間
おっ島ラッキョウ!!食べたい食べたい~よし注文しちゃおっと♪
と軽～いノリで島ラッキョウを注文
注文票
生協のカタログ
そのお値段1袋
約540円也
しかも私がほぼ全量食べた
つまり島ラッキョウの金額を含むと5人分合計1075円
つまり1人当たり215円
いきなり倍の金額に!!
ご注文は計画的に

肉の代わりのかさ増しテク

うちの三兄弟はから揚げが大好き
「ご飯なに食べたい?」と聞くと
必ず「から揚げ」と答える
から揚げ
から揚げ
から揚げ!!
オレも
から
揚げー
ハーイ
から揚げー
食べる量も年々増量中
1回に揚げる
鶏肉の量
おととし
1枚半～2枚
去年
そして今年
3枚～
ぼくも
いっぱい
たべる～
長男と二男なんて
私と夫より食べる
よく
食うなァ…
止まらない食欲
成長期の2人
モリ
モリ
ガツ
ガツ
モリ
ガツ
ガツ
モリ
食べる量が
少なくなった
中年の2人
そんなわけで鶏のから揚げは
比較的コストがかかるメニューです
鶏モモ肉 3枚
安くて900円～
大人2人と
9歳と
7歳と
4歳で
モモ肉3枚…
5年後は
何枚使うことに
なるんだ鶏モモ肉…
末おそろしい…
ところでから揚げのときは
いつもついでに
おイモも揚げています
揚げジャガイモか
揚げサツマイモを
つけ合わせて
ワンプレートに
あるとき鶏肉の量がたりなくて
ふと考えてみたのが
揚げジャガイモと
なんらかのカタチで
合体させて
一品料理にしてみたら
どうだろう…
冷凍した
鶏肉を
あてにしてたら
2枚しかなかった
というかさ増し作戦

いつもより肉の量が少ないのに、家族大満足！

今夜のおかず、肉がたりない…そんなときはかさ増しで対応!
思いつきでつくった料理が家族から意外と好評で…!?

そういえば揚げジャガイモの甘辛煮って料理があったけど
ん～と
手羽元かなにかの肉を使った同じタイプの料理があったような…
レシピの切り抜きのマイスクラップブック
あんちょこともいう
あった!! コレコレ!!
思ったとおり揚げジャガイモの甘辛煮とほぼ同じ味つけだわ
手羽先の甘辛ゴマから揚げ
<材料 4人分>
手羽先…16本
よし!! この味のイメージで鶏から揚げと揚げジャガイモの甘辛煮をつくってみよう!!
みりん大さじ2
しょうゆ大さじ2
酒大さじ2
砂糖大さじ1
タレ完成!!
いつもどおりに下味つけた肉とイモを揚げまして～
ジュウ～ッ
フライパンで煮つめたタレと一緒にからめて照りが出たら完成!!
さぁ どうだ!!
勝負のとき…
んん!!
おいしい!!
これめちゃうま!!
イモもうまい!!
お母ちゃんこれすごくおいしいよ!!
エヘへそう?
うんこれはおいしい!!
夫
またつくってね
お店のみたいだよ!!
おお…っつものすごい絶賛の嵐…!!
いつもより肉の量少ないのにみんな大満足!!
これ節約レシピとして世に出すべきじゃない?
天才主婦現る!! なんつって!!
有頂天
そのすぐあと世の中には同じような料理がたくさん存在するということを知ったのでした
チーン
あ… いっぱいあるんだね
勘違い主婦になるところだった

やる気がない日の総菜献立

家事やる気なしデー
死
※なにもする気にならない日のこと
うう〜やる気が起きないよーー今日外食していい？
ドサッ
おもいヨー
ウン いいよー
オレたち的にはめちゃうれしいし
そんなわけでごはんづくりをサボり外食
5680円ですー
自腹↓
なにを〜
¥5,680
チーン
サボった代償が約5700円…か…
サボリ…五千円…
ズゥウウン
おこづかいから出さなくてもいいのに
いえ…自分の都合だけで決めた外食なんで…
それにしてもサボり代5000円は高かったな〜
サボれてラクではあったけどちっともハッピーじゃなかったわ
もっとうまいサボり方を考えよう…

だれだって家事をサボりたくなる日はある…!
身銭をきってたどり着いたハッピーなサボり方を紹介!

そしてまた別の家事やる気なしデー
掃除と洗濯は明日まとめてやろう… ごはんもサボろう…
根つめすぎたあとや体調を崩す前によくこうなる
しかし!! あのときのような非生産的なサボり方はもうやめたのだ!!
シャリ
外食ほどにはお金をかけず手料理のようには手もかけない
スーパーのコロッケと春巻
ミニトマト
キュウリ
キャベツ 水洗い不要
袋入り手切りキャベツ
でもお料理しましたよ感はキッチリ出す!!
セコイ…!!
ジャーン
皿に盛っただけ
みそ汁はこだわりのフリーズドライで決まり!!
ドオーン
野菜たっぷり
フリーズドライタイプは手づくり感があるのだ!
節約しながら楽しくサボろう!!
ごはんづくりストライキを起こしてしまいそうになったらぜひ一度お試しください

おうちピザを楽しむ

夫不在のある夜
よ～し
今夜は満を持して
晩ごはんをつくらないぞ！
↑主婦あるある
そんなわけで
晩ごはんは
デリバリーピザにしよう！
わーい
ヤッター!!
ピザ
ピザー!!
なんのピザにしようか～
これおいしそ～
シーフード！
オレサラミのやつ！
ワイ
ワイ
キャピ
キャピ
うっ！
意外と
お高い！
ガーン
これもおいしそ～～
M ¥2800
R ¥3400
L ¥4000
小さいサイズを2枚
注文するよりは
サイズを大きくした
方がまだ安くすむ…？
でもピザ単品じゃ
さみしいからサイドも
欲しいぞ
ケチって全員に
行き渡らないのは
絶対に避けたい！
う～～んこれは
軽～く予算を
オーバーする予感
どうする…どうする私！
諦めて
家にあるもので
つくるか!? いや
こんなめったにない
自堕落チャンス
（夫が不在の夜の意）
心ゆくまで楽しみたい！
早く注文してよ～

子どもも喜び、親もうれしい。オールオッケー！

家族みんなが喜ぶピザ。でもデリバリーはお金がかかる…。
食べ盛りの息子が3人もいるわが家の秘策は？

結局注文した
なんだかんだで
5000円近く
かかってしまった…
ゆーい
ピザだー
後日
ということが
あったので今後ピザは
絶対家でつくります
宣言！
前も
そういうこと
あったような
いいんじゃない
でしょうか…
マルサイ流
家ピザのススメ
PIZZA
マルゲリータ
チーズ4種
バジル&チキン
ピザ各種3〜4枚
魚介類
エビとか
イカとか
あれば
オリーブとか
アンチョビとか
タマネギ
冷凍ブロッコリー
MIX
チーズ
冷凍コーン
市販のピザに
お好みの具を
たっぷりのせるだけ！
そのまま焼くだけでも
十分おいしい
市販のピザの上に
さらに
好きな具をたっぷり
のせて焼けば
ゴージャスピザの完成！
おいし〜
お店のみたい！
2000円程度で家族5人が
満足できるだけの量が
つくれるしデリバリーより
断然安上がりだね！
ホームパーティにおすすめ！
それにしても
スキあらば
ラクすること
ばっか考えてるね
具材の盛りつけは
イベント的に子どもに
やってもらえば
ラクもできます

余った切りもちの活用法

ちょいちょい食材を無駄にしがち
少量残ったコマツナが紅葉してるという現象
どうしても無駄にしてしまうものには共通点がある
これもムリだわ…
ひからびた長ネギのしっぽ

わが家の無駄になりがち食材大集合～!!

ニンジンのしっぽ（2cmくらい）

サトイモ 1個

大根のしっぽ（5cmくらい）

わずかに残ったジャム

いちご

1/3膳分の余りご飯

↑ラップに包んである

数本残った万能ネギ

先端枯れてる

戻しすぎた乾燥ワカメの残り

↑少量

切りもち 1個

福神漬 スプーン1杯分

野菜類はギリギリのところで豚汁にして使いきれるのだが

いざとなったら豚汁

どうにも救出できないものはサヨナラするしかない

お母ちゃん このジャム カビ生えてるよ

スミマセン流しちゃってください

「残り1個の切りもち」問題、これにて解決！

小さな食材ロスも、積み重なるともったいないもの。
余りがちな「切りもち」のすばらしい使い道を発見しました。

本当にもったいないと思うのは
まったく手をつけないまま期限を
迎えてしまうもの
その名も
古くなると
ヒビが入る
切りもち
とくにラスト1個
使い道に困るのよね～
3個あれば
1人に1個
おやつで
消費できる
んだけどな～
「ラス1もち問題」は長く続いて
いたのですが
この前ラスト1個を
美しく消費できる
お料理に出合ったの！
え～と
どれだったかしら
スクロール
それはお米を炊くとき
調味料と具材と
小さくカットした切りもちを
入れるとおこわ風に
なるというレシピ
スゴイ…
本当に
おこわに
なってる…！
中華系の調味料を使えば
中華おこわ風になるのも
スバラシイ!!
オイスター
ゴマ油
中華だし
具材もそれっぽく
干しエビとか
シイタケとか
たった1個のもち（捨てられ寸前）が
マンネリ化した食卓を救うとは
思ってもみなかった
今まで一体何個の
ラス1もちを無駄に
してきたの
うしろめたさ100%
無駄にするのも
活かすのもすべては自分の
能力次第だと知った
四十の春なのでした

残り物で奇跡の献立

時刻は17時45分
いつもならとっくに夕ごはんの支度にとりかかっている時間だが
私はなにもできないまま台所に立ちつくしていた
とりあえず炊飯器のスタートボタンを押し
Pi
炊き上がりまで55分の普通炊きコース
冷蔵庫から今日の主役のアジのひらき（3枚）を出す
そしてまたしばし立ちつくすのであった――
…
どうしよう…
副菜がノープランすぎる…!!
それは3日前の買い物時
お!! アジ安いじゃん買っておくか
特価! アジひらき
今夜はハンバーグ明日は鍋の予定だから副菜はいらないけど
ひき肉と白菜が安かった
メインがアジのひらきとなると副菜のことを考えなきゃならんな…
ん～副菜のことを考えると頭痛がしてくるな
今献立のことは考えたくないキモチ…
考えるのやめやめ! 冷蔵庫に余ってる食材でなんとかなるっしょ!
アジは買うとして

冷蔵庫をあけたら、中身がスカスカ…そんなときこそ食費節約の出番。
気力と知恵を振り絞って生み出した献立に注目です。

そして今に至る
ご乱心
ああ～
私ってやつぁ
バカバカ!!
あのとき
はんぺんのひとつでも
買えば子どもウケする
おかずが1品できたと
いうのにィィ
子どもに大人気!!
はんぺんのチーズ焼き
そんなわけで冷蔵庫の余り食材で
なんとかするしかないという状況です
ニラ½束
キャベツ⅙個
卵4個
納豆2パック
ハム4枚
キュウリ½本
春雨⅓袋
鶏ササミ3本
元気のないニンジン½本
本当に余った食材しかない
考えろォ～
考えろォォ～
う～ん
う～ん
ポーン
ひらめいた!!
なんとか副菜ができた～！
納豆
そのまま出す
ニンジン・キュウリ
鶏ササミ・春雨
キャベツ・ハム
ニンジン
ニラ・卵
春雨サラダ
コールスロー
ニラ玉
ちなみに食材費はこんな感じ
ニラ½束
約64円
キャベツ⅙個
約26円
ハム4枚
約90円
卵4個
約96円
納豆2パック
約64円
鶏ササミ3本
約132円
キュウリ½本
約25円
春雨⅓袋
約55円
ニンジン½本
約33円
合計983円
1人分
約197円
アジのひらき3枚 398円
おお――!!
余り食材を使ったとは
思えないおかずの充実度！
しかも安上がり！
これぞ節約！
冷蔵庫の中身も一掃できたしネ!!
追い込まれたときほど
おかずが充実する
パターン
↑私あるある

厚揚げの活用術

長男11歳 肉を欲する年頃になってきました
今日の夕飯なに食べたい？
肉
スーパーなんかでも
欲しいおやつがあったら選んできていいよ
ワーイ
選んでくるね！
あめとか
チョコとか
キャラメルとか
これお願いします…
肉を選ぶし
から揚げッ！
気をつかって値引き品を選んでくる
ごちそーさま～
あーおいしかった お母ちゃん なにか肉っぽいものない？
食後もデザート代わりに肉をご所望
今肉食べたろ
しかも肉っぽいものってなによ
仏ならあるが
そんなわけで数年前に比べると消費する肉の量が一気に増えました
鶏もも肉ボリュームパック
ドン
▲5枚入り
ウインナーファミリーパック
ドン
▲800g
合びき肉メガパック
ドーン
▲1kg
普通のスーパーで扱ってないサイズ
目測中…
今日は6000円くらいですむかな
バナナ一点～
ピッ
ピッ
でも肉類をレジにとおしたらもう少しいくか…
6500円くらいかな
ピッ
¥6300
ピッ
¥7,200
ああっ
肉をレジにとおすたび約1000円ずつアップしやがった…！
肉め…！
お会計8180円になりま～す

長男がついに肉を欲する年頃に。圧迫される食費を抑えるべく
手に取ったのはそう、あのお助け食材でした…。

というわけで肉が家計を
圧迫するようになってきた
今日この頃です
三兄弟の親になった時点で
覚悟はしていたが…
まさかこんなに早く
そのときがくるとはな…
信じられるか…?
まだあと2人
控えてるんだぜ…
とはいえ肉ばかりで
腹を満たすわけにもいかないので
厚揚げde
代用＆かさ増し
大作戦
でいきたいと思います
厚揚げ…それは
わが家の
お助け食材
コスパも
抜群!!
ジャ〜ン!!
たとえば肉を使った炒め物
こちらに厚揚げをたしますと…
肉が多少少めでも
ボリュームたっぷり!
肉野菜炒めとか
麻婆厚揚げとか
ほかにも肉と同じように
焼いたり煮たり
厚揚げステーキ
厚揚げの
照り焼き
おまけに厚揚げは
栄養価も高いし
食べごたえもあるし
レシピのバリエーションも豊富
味つけの幅も広い
しょうゆ
ミックスチーズ
味噌
ポン酢
バター
厚揚げ
ゴマ油
キムチの素
マヨネーズ
優秀!!
ちなみに三兄弟の三男として育った夫
実家で肉料理（ハンバーグ、すき焼きなど）を
つくるときはいつも肉を
1kg以上使っていたそうです
1kg…?
ハンバーグは
ワラジサイズだった
このくらい
そしてお義母さんは
スーパーの店員さんに
お宅
馬でも飼ってるの?
と言われたそうな…
毎日の
買い物量が
えげつない

サラダチキンを手づくり

「死ぬ前に一度でいいから
自分の腹筋を見てみたい」
そんな思いを胸に筋トレを
始めたわけですが

憧れの6パック

筋トレ生活7か月目

本当に存在しているのか？

なかなかお目見えしない腹筋です

そんななか筋肉系芸能人の動画を見て
筋肉をつけるためには
タンパク質が不可欠！
ということを再認識し
やはりタンパク質が肝なんだね！
ヨシ！
タンパク質とるぞー！！！

タンパク質のことばかり
考えている今日この頃です
タンパク質推し
キミはタンパク質ではないか
おっ キミもタンパク質だね
ツナ缶
豆腐
新しい推しのカタチ

そのなかでも
アスリートやダイエッターの
一押しタンパク質として
よく目にするのがサラダチキンです

コンビニやスーパーで
手軽に買える

サラダチキン

プレーン味

110g前後
150～250円くらい

サンドイッチにしたり
サラダの具にしたり
おやつにしたりしょっちゅう
買っていたのですが
ちょっと最近
サラダチキンに
つぎ込みすぎてるな
と気づき

自分でつくれる
ものなのかしら…
レシピを検索
お!!
あった

筋トレに欠かせないタンパク質。

人気のサラダチキンを家で手づくりしてみることに。お味もコスパも最高です！

ほほう～
意外とカンタンじゃん！
しかも家にある
調味料でつくれるわ！
塩
ニンニク
ハーブソルト
コショウ
レモン汁
オイル
鶏胸肉を買って
早速つくってみるか
あ
あった！
鶏胸肉
（2枚）
600g 380円
鶏胸肉 安!!
600g 380円てことは
380を600で割って…
ん？
380を6で
割ればいいのか
100g当たり約63円てこと？
計算が苦手です
……
ん～と
ん～と
市販のサラダチキンが
安いやつで
100g 150円
くらいだから…
パアアアア
つくった方が圧倒的すぎるほど
安上がりだね!!
そんなわけで
自家製サラダチキン
レシピ紹介です!!
① 鶏胸肉（1枚）は
皮を除きフォークなどで
数か所穴をあける
グサ
グサ
グサ
② 密閉袋に①を入れ
調味液を加えてよくもむ
ニンニク
すりおろし
大さじ1
レモン汁
大さじ1
ハーブソルト
少々
黒コショウ
少々
塩
小さじ1
オリーブオイル
大さじ1
③ 冷蔵庫に
30分～ひと晩おく
空気をしっかり
抜いてちょ！
ZZZ…
④ 鍋にたっぷり湯を
沸かし、沸騰したら
③を入れ、フタをして
火を止め1時間ほどおく
取り出したら
スライスして
召し上がれ
安いし
カンタンだし
おいしいわよ♡

※耐熱の密閉袋を使ってください。肉に火がとおっているか、
竹串を刺すなどして確認してください。

節約できる魚料理

小学生が3人になり ますます食べる量が増えたわが家
ガツ
うめぇ
はいこれ おかわり分ね…
ガツ
もっと欲しい
ガツ
そして相変わらず 肉肉うるさい
今日の晩ごはん なに食べたい
肉!!
肉!!
鶏胸肉じゃないやつ!!
お肉〜
でも魚も好き
今日の晩ごはん なに食べた
マグロ!
刺身!!
おすし!!
鮮魚コーナー
最近肉料理が 続いてるし
お刺身でも いいんだが…
刺身用 マグロ
マグロ1さく 1000円超えか
鶏胸肉だったら 5、6枚買えちゃうな
しかも 1さく買ったところで 1人当たり3〜4切れしか 口に入らないんだよなぁ
う〜〜ん
こういうこと ばっか考えて スーパー滞在時間が どんどん長くなる
マグロのお刺身で メインをはろうとすると 相当高くつくぞ…

ついに三男も小学校に入学。男子3人の食欲は

とどまることを知りません！ 魚料理にも親の工夫と汗が…。

ん？
ブリ 半身500円
ブリ半身500円！
これは安い！
テッテレ〜♪
お買得品
ブリ半身 500円
買います！
皮引きと骨抜きは自分で…
何度やっても表面がガタガタになるんだよね〜
しかも時間がかかって身がほんのり人肌に…
アセ
アセっ
ギコ
ギコ
これを漬けダレに漬けて…と
ハイ漬けダレ用意できたよ
フーーッ
30分後
ブリの漬け完成!!
山盛り！
すごい量…！いったい何人前!?
500円のブリ半身でおなかいっぱい心ゆくまでお刺身（漬け）を堪能しました
ハ〜〜大満足〜
ね
刺身盛り合わせ買った方が断然ラクだけどね…

冬休みの昼ごはん

某長期休暇中
お母ちゃ〜ん
これあかない
あけて〜
ねぇねぇ
お母ちゃん
パスワード
わかんなく
なっちゃったん
だけど〜
お母ちゃん
お母ちゃん
てばぁ
お母ちゃん
やばい…
このままだと
夕方までに
終わらないぞ
ねぇねぇ
お母ちゃん
昼ごはんは
テイクアウトしちゃおう
おーい子ども!!
ハンバーガー
注文するから
メニュー決めて〜
ワーイ!!
オレ
ダブルチーズ
バーガー&
メロンソーダ
オレも
同じやつ
オレも同じやつ
コーラで!!
モバイルオーダー
ファストフードと
いえども家族分と
なるとお高いよな…
3000円超
ガサ
ガサ
仕事する時間を
捻出するため
といえども
1食分に
3000円かけたのは
なんだか
罪深い気分だわ
もん
もん
もん
うまい
ポテトちょーだい
反省タイム
明日も忙しいけど
お金をかけるのは
得策じゃないな…
家でつくって
食べる方向で
考えよう…

子どもたちが長期休暇に突入したマルサイ家。
忙しい日のお昼ごはんはテイクアウトにしたいけど…。

翌朝
決意!!
今日は朝のうちにお昼の支度を終わらせて…
夕方まで仕事にかかりきりOKの状態にする!!
バンッ
買い物に行く時間も惜しいから家にあるもので…
うわ予想以上にカラッポ!!
ガーン
ヤッタ〜冷凍庫に鮭のほぐし身発見〜
（いつのかわからないけど）
余った焼き鮭の身をほぐしたやつ
お宝get!
☆冷凍したら一カ月以内に使いきるべし!
あと使えそうなのは卵…そしてソーセージ
こうなったらアレだな
「弁当箱につめないお弁当作戦」だな
鮭のおにぎりにぎって〜
ソーセージ炒めて〜
卵をゆでて〜
ああ!! おかずがタンパク質ばっか…
なにか野菜もたさないと…
くっ…キュウリしかない!
というわけで忙しさに負けることなく無駄な出費を抑えることができたのでした
よくやった自分…
わーおいしそ〜
次の大ピンチのときは無理せずテイクアウトするんだ
↑そして振り出しに戻る

おやつの無駄買いが減った

ランニングを始めて
1年たちました
RUN
タッ
タッ

もともとはコロナ禍で
増えすぎた体重を
どうにかせねばと
運動を始め
スクワット
有酸素運動
ダンス
ドスン
ドスン
腹筋

気づいたらマラソン大会に
出場していました
まさか
こんなことに
なるとは…
1011

で、この趣味のランニングの
なにがよかったかというと…
おやつの
無駄買いが
減った!!
クッキー
キャンディー
うまいボー
チョコ
ポテチ

昔から「おやつ＋漫画を読む」のが
最高の趣味だったのでヒマができると
家事も終えたし
今月分は全部
納品できたし
ぱ〜っと
やりますか!
フン
フン
フ〜ン
と言っておやつパーティを
開催していました
(おもに夜1人で)
おやつ
漫画

しかしコロナ禍以降
もろもろのストレスで
このおやつパーティが
連日開催となり…
ポテチ

おやつの大量買い＝「太るためにお金を払っていた」！

コロナ禍で始めたランニングもすっかり習慣に。
健康になったのはもちろん節約にも大きな効果が…！

買い物のたび必要以上におやつをまとめ買い
おやつすぐなくなるから買いだめしとこ〜
これは私用に一袋買っておこう
ピザ味 サクッ
おやつ代が思った以上に大きな出費となっていることに気づきました
一回の買い物のたび千円は使ってた…
オレたちよりも食べてたもんね
ランニングを始めてからおやつを買わなくなったのはこんな理由があります
Before
ほー
なんかヒマ…おやつでも食べるか
After
よし!! 時間ができた！走りに行くか！
① あいた時間におやつを食べなくなった
② 走った分の消費カロリーがおやつで簡単になかったことになるのを知ってショックを受けた
10km走った分がこの1袋でチャラに…!?
逆に食べた分を消費するには10km走る必要が…?
③ おやつを食べすぎた翌日の体の変化に気づきやすくなった
あれ…？今日なんか体が重い…
ドス
ドス
わっすごいむくんでる!!
パンパン
ムクミ〜
走らずおやつを食べた日の翌朝
スッキリ〜
走った翌朝
そして気づいたんです…
おやつを大量買いしていたときって
太るためにお金を払っていたんだな〜と…
ギャーッ
言わないで〜ッ
そんな気はしてたけど気づきたくなかった！
オンラインでママ友会
フフフ…
出費と体重が増えたと思ったら一度おやつ代・お酒代・つまみ代を見直してみるといいかもしれません

冷蔵庫の中身を全出し

節約上手さんは
冷蔵庫がスッキリしていると知り
冷蔵庫の中身を整理します！
と宣言したマルサイ

そこから2か月たって
ようやくスイッチオン
片づけスタート！
とりあえず全出し
ドアポケットだけでこの量か…

「おまえ、ここにいたのか
探したんだぞ!!」と
言いたくなるものが
いくつもありますな〜
あじ太郎
ふりかけ

新
旧
ナンプラーがダブってる…
あるのを忘れて
新しいの買っちゃったんだな
しかもどっちも
まだちょっとしか
使ってない
彼女といるときに
昔の彼女と遭遇してしまった
男子のようなフクザツな気持ち

心を鬼にして…
旧ナンプラーは
消費期限がとうの昔に
過ぎてるから
処分チーム行きね
ホント
すみません…!!

ん？
これなあに？

思い出の
タコスパーティ〜
ナチョチーズか！
買ったことすら
忘れてたや
なにしろ
1回しか使って
ないもんね

節約上手の共通点を学び、やる気に！
冷蔵庫の中身整理で発掘したものとは…!?

率先してナチョチーズを使っていくために目立つ場所に置こう
ドアポケットの1等席
低脂肪牛乳
たまにしか使わないものは奥へ奥へと追いやられて存在を忘れられがちよね…
ワインビネガー
スイートチリソース
ナンプラー
ハラペーニョ
ナチョチーズ
そんで久々に使おうと思ったときには、たいてい消費期限が過ぎてるのよね
せめて定期的に冷蔵庫を整理する習慣があれば…
あら、このスイートチリソースもう少しで期限がきれるわ
それじゃあ今夜は生春巻きをつくりましょう
きっとどの食材もダブらせることなく最後まで使いきれるに違いない…
低脂肪牛乳
冷蔵庫の片づけを通じて
節約上手さんの冷蔵庫がスッキリしている理由がわかった気がするよ
じゃあ今夜は生春巻きにするか
スイートチリソースめちゃ余ってるし
え～と、いつぞやのライスペーパーの残りがあったような…
ガサ
ゴソ
食品ストックBOX
なかったような…
次は食品ストックBOXの整理をすることに決めたのでした
ライスペーパー
期限ぎれのライスペーパー

おしゃれサンドイッチ

休日の昼メシ事情
お昼ごはん
なに食べたい～？
なんでもいい～
オレも～
いちばん困る返事
おしゃれなサンドイッチが食べたい!!
おしゃれなサンドイッチとは…？
フランスパンに生ハムとか鴨ロースがはさんであるやつ!!
あとレタスとかトマトとか
というわけでパン屋さんに行ってみましたが
おしゃれなパン屋さん
ひとつ350円か～…
まず5人分で1750円…
サンドイッチだけじゃ少ないからほかのパンも買ったとして…
軽く3000円
却下だな!!
予算オーバーです！
おしゃれなサンドイッチ…
そうだ！

二男からのお昼ごはんのリクエストは、
まさかの「おしゃれなサンドイッチ」。マルサイ流のつくり方をご紹介!

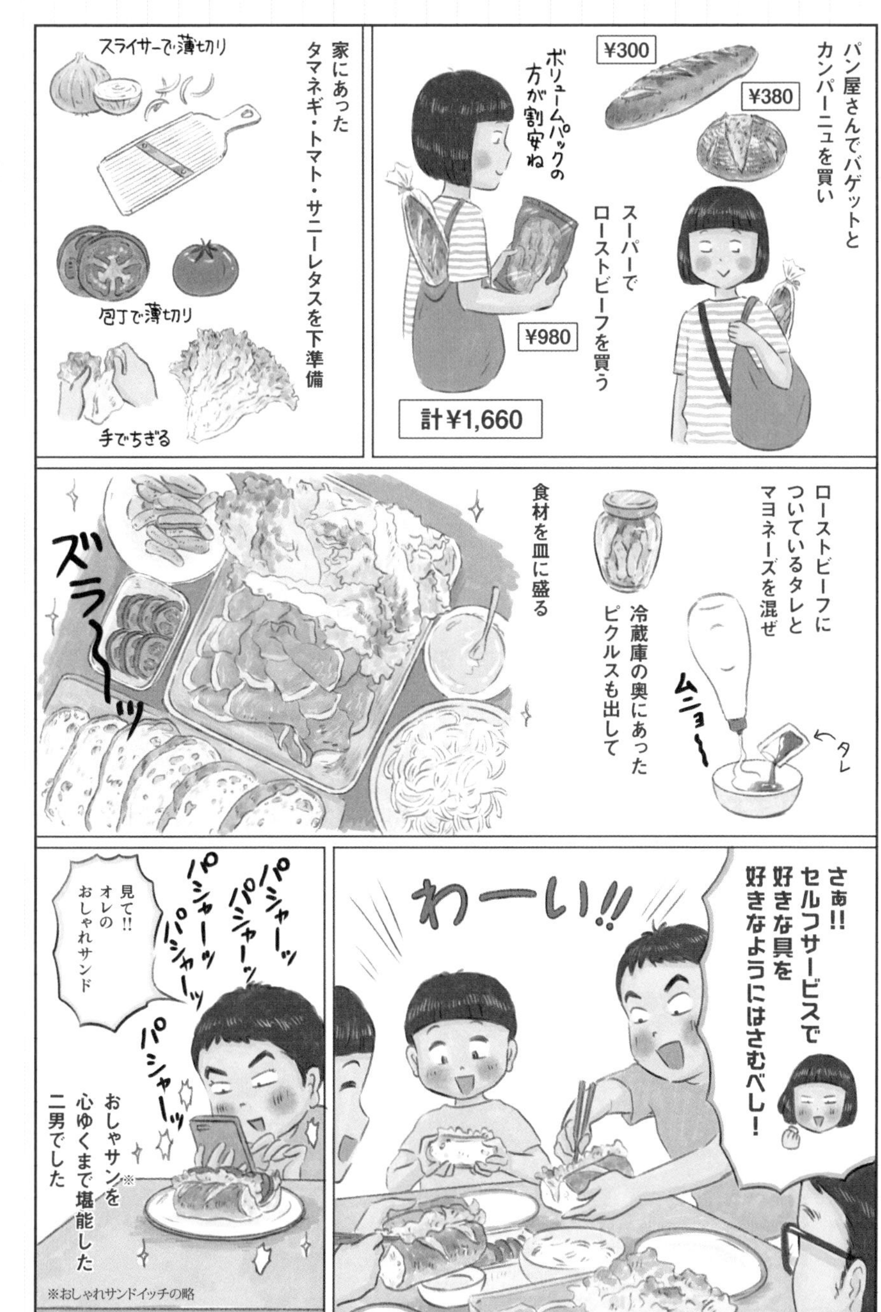

パン屋さんでバゲットとカンパーニュを買い
¥300
¥380
スーパーでローストビーフを買う
ボリュームパックの方が割安ね
¥980
計¥1,660
家にあったタマネギ・トマト・サニーレタスを下準備
スライサーで薄切り
包丁で薄切り
手でちぎる
ローストビーフについているタレとマヨネーズを混ぜ
ムニョ〜
タレ
冷蔵庫の奥にあったピクルスも出して
食材を皿に盛る
ズラ〜〜ッ
さぁ!! セルフサービスで好きな具を好きなようにはさむべし!
わーい!!
見て!! オレのおしゃれサンド
パシャーッ パシャーッ パシャーッ パシャーッ
おしゃサン※を心ゆくまで堪能した二男でした
※おしゃれサンドイッチの略

旅行気分で沖縄レシピ

休日の昼下がり
お母ちゃ〜ん
おなかすいた〜
お昼ご飯なに〜？
えっもうそんな時間!?
げっもう13時…
ウッ…買い物行けてないから冷蔵庫になにもない
↑主婦まんが家締めきり前あるある
スッカラカ〜ン
今ある使えそうな食材はこんな感じか…
いろいろ中途半端な量…
ベーコンの切れっ端
卵
そうめん
そうめん600g
とうふ
豆腐
冷凍ご飯3杯分
カットしたニラ
ニンジン
キャベツ
長ネギ1/3本
そうめんがまるっと1袋あるから
そうめんでなにかつくるか
そうめんといえば沖縄で食べたそうめんチャンプルーおいしかったなぁ〜
沖縄の思い出あれこれ
古宇利島
ドラゴンフルーツのかき氷
ソーキそば
ブセナ海中公園
ソーメンチャンプルー
ナマコ
サーターアンダギー
そうめんチャンプルーの具はなにが入ってたんだっけ…
確かニラとニンジンと〜

休日ランチはいつも悩みの種。今回は冷蔵庫にあるものをフル活用して節約ごはんをつくってみました。旅行気分も味わえます!

あとツナか!!
ツナ缶あるわ!
お…? これ今つくれるんじゃない?
レシピ検索中
ニンジンはスライサーで細切り ニラは食べやすい大きさに切る、と
ほほう 麺は早めにゆで上げるのがコツなのね〜
おお〜 沖縄で食べた味!!
おいし〜!
そうめんはめんつゆにつけて食べるだけじゃないんだね!
材料がニンジン・ニラ・ツナだけでこんなにおいしくなるんだね〜
しかもさ〜 おいしいのはもちろんコスパもいいのよ
そうめん 約200円
ニンジン 約70円
ニラ 約90円
ツナ缶 約180円
総額 540円
1人当たり108円!!
次はゴーヤーチャンプルーつくろうかな〜
ゴーヤーチャンプルーもコスパがいいのよ!!
そんでオヤツはサーターアンダギーつくりたい!
卵40円
ゴーヤー90円
豚肉約200円
とうふ
豆腐80円
総額410円
わが家の沖縄ブームはまだまだ続きます♬

好きなお菓子を爆買い

いつものように節約ネタを探していたら
「日々の暮らしを楽しめない節約は節約リバウンドのもと」ですって
子どものおやつを盗み食い中
ポテチ
ストレスのたまらない節約が長続きのコツ…
大ざっぱ家計簿
ポイ活
つもり貯金
やっぱりなにごとも小さなことからコツコツよねぇー
マイボトル
マイバッグ持参
ほう「嗜好品はガマンしない」か…
癒やしのコーヒータイム
プハーッ
仕事上がりの一杯
スイーツ
確かにガマンはストレスになるし節約のモチベーションも下がっちゃうもんね！
ガマン…してるかもな～スーパーの買い物でも
私はコレ食べたいけど子どもたちは食べないよな…みんなで食べられるものにするか
とか考えがち
というわけで今日は好きなおやつをガマンせず買いま～す
ホホホテンション上がるゥ～
ポテトチップスは欠かせないわね！
のり塩…コンソメ…
子どもたちはコンソメの方が好きだっけな

嗜好品はガマンしない! 総額1336円で楽しめました

無理ばかりの節約は続かないもの。モチベーションを上げるための

「お楽しみ」を今日は解禁! この地味さが自分らしい!?

ハッ
長年のクセで おやつチョイスが 子どもファーストに なっている
そうやっていつも 自分の食べたいおやつを ガマンしてるんだった!
節約のモチベーションアップのためにも ここは超個人的なおやつを選ぶ!
ポテチはまだ家にあるし!
嗜好品は ガマンしないのだ!!
ザッ
むき栗
134円
ドライ 温州みかん
298円
栗
温州みかん ドライフルーツ
ガシッ
低糖質 ビターチョコレート
208円
お徳用 おしゃぶり昆布
昆布
398円
あたりめ
298円
CHOCOLATE
国産 あたりめ
大満足!
計1336円!!
フフ…
フフフ… 買ってやったぜ! 全部私のもんだ!
これらを1週間かけて消費する
私のガマンしない嗜好品 1日当たり 190円
ガマンする 必要あるんか…?
モチベアップにはなった

これからの値上げ対策

2022年・秋
いつものように
スーパーでお買い物
だいたいいつも
買う内容は同じ
お会計もだいたい同じ
今日も
6000円
前後かな
6839円です
あれ?
予想より高い
なんか
特殊なもの
買ったっけ?
＜特殊なもの＞
いつもは買わない
高めの国産牛とか
リッチ系チョコなど
ハッ!!
そうか!
値上げか!!
値上げした皆さん
タレ
マヨネーズ
調味料
チーズ類
パン
食パン
カップ麺
加工肉
食用油
カレー
カレー類

2022年からじわじわ家計を圧迫している値上げの波。
いろいろな場面で影響を実感しています…。

ロシアのウクライナ侵攻がジャパンのいち主婦の財布と心までも苦しめることになるとはだれが想像しただろう
あんた以外みんな想像してたよ
電気代も上がったし家計圧迫がすぎるわ〜
電気代値上げ
食品値上げ
ガソリン代値上げ
値上げラッシュ!
家計
回るお寿司屋さんも値上がりしたし…
マグロを食べたい人は赤身でお願いします
小声
大トロ
580円
660円に!
これだって十分高いけど
オレ納豆巻ー!
なにはともあれ日々の出費を少しでも抑える工夫が大事だわね
電力会社を乗り換えたり車の移動を控えたり
今まで以上に節約ごはんに力を入れねば!
いやな予感…
晩ごはんはモヤシと豚バラのポン酢がけにしよう
またモヤシ〜!?
ブー
モヤシのオチ反対ー!!
ブー
ブー
めちゃブーイング
マグロ食べたいっ
いつだってモヤシは救世主

厚揚げの照り焼き

1 厚揚げを1.5cm幅で切る

2 小麦粉適量をまぶす

油大さじ1

3 フライパンにサラダ油を熱して
1を並べ、両面を焼く

みりん
しょうゆ
大さじ1
砂糖…小さじ1.5

4 3のフライパンにタレ
（みりん、しょうゆ、砂糖を混ぜたもの）を注ぎ、
煮絡める。照りが出てとろみがついたら完成。

Finish!

あれば小ネギや
いりゴマをふる

第2章

生活費・レジャー費編

家電の買い替えに、休日のお出かけ…。
普通に生きているだけでお金がかかる！
「我慢しないけど結果的に節約」を目指します。

車で1時間ちょいで
行ける山で

プロジェクター導入

テレビが観られなくなりました
もちろん子の仕業です…
15年以上前に買ったテレビ
ビービー弾を当てられて液晶が割れ画面にスジが入っている
日に日に増えるスジ…
買い替えも検討したけれど…
大人はテレビ観ないしタブレットあるしこれを機にテレビを手放してもいいかと
うんそれでもいいけど
タブレットだと家族全員で観るとき小さすぎないかな
確かにねーあとブルーライトも気になるしね
あっ
じゃあさ
プロジェクターはどうかな⁉
テレビほど場所とらないし家族でソファに座って観られるしリビングでも寝室でも移動が可能‼
超理想的じゃん！
夢のホームシアターよ〜！
ブン
ブン
ステテコ
ヨシ早速調べてみよう
あとはお値段次第〜
スーさん調査よろしく〜
くいっ
スーさん

毎日おうちで映画館気分が味わえるなんてステキ

単価の高い家電の買い替えはお金がかかるものですが…。

テレビが壊れたマルサイ家はこうして出費を抑えました！

そしてやってきました
プロジェクター!!
ジャ〜ン!!
ハイテク家電!
わ〜〜い!!
キタキタキター
して 気になる
お値段は?
一万八千九百九十九円也。
フゥ〜ン
それって安いの?
高いの?
¥18,999.-
値段的には安い方だけど
性能は高いものに
引けを取らないと思うよ
高いのは
10万円以上
なるほど…場所も引けも
取らないってことね!!
いっぱい使って
元も取らなくちゃ!!
ニヤ
ニヤ
クス
クス
プッ
ククク
うまいこと
言ってやった感が
すごいね
コンパクト
想像以上に
低予算で買えたよ!
付属品買いたして
2万円ちょい!
やったね!!
早く観たい!!
映画館代も
節約できそうです!!

お金をかけない休日

1週間の流れにとどめを刺す休日
うわあああ
ミニ蔵と地蔵がいじわるした
ギャアギャア
オレはやってないし!!
ワーワー
おまえあやまれよ!!
ドタ
バタ
ドタ
バタ
休まる瞬間皆無
そういや小さい頃休みの日はよく野山に連れて行ってもらったなぁ…
山行くの!? ヤッター!!
小学生低学年の私
おかあちゃ～ん
ヒック
ヒック
逆に言えば遊園地みたいな場所にはまったく連れて行ってもらわなかったな～
40代の THE MAMA'S AND THE PAPA'S
なぜなら…
① 人混みがイヤ
② 並ぶのがイヤ
③ お金を使うのがイヤ
④ 人工物がイヤ
とくに③の理由が大部分を占める
ねーねー!! ○×ランドに連れてってよ～
今度ね!
また
と言って絶対行かない
そんなわけで今でも両親とどこかへ行くときは野山が中心
とある休日の過ごし方
朝7時 出発
出発～!!
父の車
車内で朝ごはん
サンドイッチ持参
昼12時 山頂到着
ヤッホー!!
車で1時間ちょいで行ける山で山登り
海はないが山はある埼玉県

ここぞというときにパーッと使うのが節約上級者です

お金を使わない「無買デー」を休日にも実践しています。
この習慣は、節約上級者である実母の教育のたまものでした!

お弁当は持ち寄り
ワイ　ワイ
ハイおにぎり 玉子焼きもあるよ〜
おでん温めたぞ
カップめん
15時をめどに下山
全員乗った〜?
乗ったよ〜
じゃ帰りましょ〜
父の車
あ〜今日は楽しかったね〜 それなのに 1円も使ってない というこの 充実度!
私の子どもの頃は 今日みたいな 休日が多かったよね
そうやってコツコツ 貯めてきたってわけ
子どもが多いと どうやったってお金は かかっていくんだから 小さいうちは お金をかけずに 遊ぶのがいちばんよ
母上… ごもっとも… ス…
道混んで きましたね
こりゃ 到着時間が だいぶ遅く なるな
じゃ帰りがてら おすし屋 寄って行こう
ごちそうするよー
えっ… 母上　今までの 話とだいぶ 矛盾が…
娘家族と楽しく 過ごすときのための 節約でもあるんだから いーのよ!
ここぞというときに パーーッと使うのが 節約上級者(母)流 なのであった…

お出かけ時の手抜き弁当

外遊びが気持ちいい季節になりました
いくぜぇぇ
ズザーッ
ひゃほー
アハハハ
土手滑り大好きおばさん
もともと休日は野・山・川・海で過ごすことが多いわが家
ギャーッ 冷たい!!
ピュウウウ
春から初夏にかけて野外活動がさらに盛り上がります
真冬の砂浜

スーパーやコンビニでゲット

お昼ごはんはお弁当をつくるときもあれば途中で調達する場合も
菓子パン
パン
お弁当
納豆巻き
さけ
うめ
おにぎり類
ほほーいお茶
飲み物
サンドイッチ
お総菜
とん汁
汁物
BIG カップラーメン
カップ麺

5人分で2〜3000円かかります
コンビニ寄るとつい買っちゃうドリップコーヒー
飲食店に入るよりは安上がりだけど気がかりな点もあるので
栄養面も気になる
ゴミも出るし
お財布に優しくない

お弁当箱いらずだから、洗い物の心配もないですね♪

家族でお出かけすると、食費がかさみがち。かといってお弁当をつくるのも大変です。そこでおすすめなのが「疲れない弁当」!

やっぱりお弁当をつくるのが安心だし経済的
ちゃんとしたお弁当は時間も労力もかかって面倒になっちゃうからできるだけ簡単にね!
お弁当のために早起きしたくないし
ポットにお湯も準備
フリーズドライのみそ汁やスティックコーヒー、ティーバッグなどいろいろ持って行く
ステンレスカップ
TEA
コーヒー
カフェオレ
スープ
私がよくつくるお気軽弁当はこんな感じです
棒にぎり
焼きのり一枚でつくるおにぎらず
※カットする手間もカット
具はお好みで!
キュウリのニンニク塩もみ
密閉袋にキュウリとチューブニンニクと塩を入れて軽くもんでおく
ゆで卵(塩つき)
殻は各自でむく
しお
夏なら
ゆでトウモロコシ
立派な野菜
ピーナツバターサンド
食パンにピーナツバター塗ってはさむだけ
バナナ
行動食
オヤツではない
箸や皿がいらず帰宅後に洗い物も少なくていろいろラク
お弁当箱いらずでコンパクトにまとまるのもいいところ
ポリ袋
ラップ&密閉袋
保冷バッグ
これでお出かけ先でも昼メシ難民にならずにすむぜ!
グッ
あとは休日の夜メシ問題を残すばかりである…

ベランダプール

ベランダプールが最高な季節がやってきました
冷房の効いた部屋から見守っている
ワイ
ワイ
お母ちゃんおしっこ〜!!
タオル持ってくからちょっと待って〜
うわっ外あっつ!!
熱気〜
ムワ〜
えっ
部屋28℃だよそんなに冷える?
お部屋サムイ…
ブル
ブル
プール後の子どもらが冷えないよう28℃にしたのにこんなに寒がるとは…
プールの冷え効果やっぱスゴイな
おしっこもれちゃう!早くふいて!
そんなわけで
私もプールに入れてくださ〜い
わーい!
やった〜
お〜!!気持ちいい〜
入るのスタだ〜
ヒザ下だけでも十分体が冷えるわ〜

かかる費用は水道代のみ。夏のプールは最高です

夏といえば、ベランダプール！ 子守しながら涼めて
大人にとってもうれしい存在。排水を掃除に使えば一石三鳥!?

ふへぇ～
こりゃ
極楽だわ～
濡らし手拭い
スマホ
イス出した
アイスコーヒー
ベランダでもWi-Fi
使えるし子守しつつ
仕事（テキスト打ち）が
できるし冷たくて
気持ちいいし…
スマホを
密閉袋に入れてる
なによりベランダにいる間は
エアコン使わないから
電気代がかからない！
この一石三鳥感が
たまらんね…
さ～て
そろそろ終わりに
しようか…
ウッ
白濁～
これはもう
水を入れ替えないと
どうにもならん…
どう遊んだら
こんなに
濁るんじゃ
排水ついでに
ベランダ掃除すれば
さらに一石三鳥～
ダバー
シャ～コ
シャ～コ
この汚れた水を
植木にまくのは一瞬
気が引けたけど
心を鬼にして実行
土が腐敗
しませんよーに！
ウゲェッ
あいつ
やりやがった!!
フロおけ

おうちトレーニング

おばさん体型に
みがきをかけたコロナ禍
食べることがいちばんの楽しみ
ポテチうめぇ～
ポテチ
After
ウエストポーチかな？いいえ腹肉です
ヤバイ
私の性格上どっかのタイミングでどうにかしないと残りの人生この体型のまま突っ走ることになるぞ…
今ならまだ間に合う…ハズ！筋トレ始めよう!!
ついでにまだ見たことのない自分のくびれを死ぬまでに一度は見ておきたい
ちょっとした所にも肉がのる
だるだるの二の腕
というわけで突然筋トレすることを決意
そういえば15年くらい前も突然筋トレを決意して
そのときはトレーニング用DVDを通販で買ったんだよな
けっこう高かった
4巻セット（バンドつき）
某ブートキャンプに入隊
長続きせずすぐ除隊
そして引っ越しのときに全巻捨てたのであった
今だったらメルカリに出すのに…！
く～
なんて無駄なことしたんだ
今はネットで宅トレ向けの動画が自由に観られるからステキよね～
初心者向けのがたくさんあるしヨガとかボクササイズとかジャンルもさまざま
わー！バレエストレッチの動画まであるの!?
カルチャーセンターのバレエストレッチクラスに数回通った経験もアリ（参加費1回1000円）

死ぬまでに一度は見たい MYくびれ（五・七・五）

ウエストポーチのような腹肉を見てダイエットを決意。
家計のためにもジムに行かず宅トレを始めてみたところ…。

そんなこんなで動画を観ながらの宅トレが
祝☆継続2か月！
なんと2か月続いています
結局さ〜続けていくにはカルチャーセンターのレッスンもDVDも運動スキル0の私にはレベルが高すぎたんだよね
家で動画観てやる分にはレベルもペースも自分に合ったものを選べるもんね
でももしもっと本格的にトレーニングしたくなった場合
今ならジムに入会しても続けられる気がする
以前より持久力も筋力もついてきたし
ジムね…オレもコロナの件がなければ続けていたかったけどトレーニングマシンとかほぼ使わなかったからなぁ
しかもスケジュールが合わなかったり、毎回荷物準備するのが面倒だったり天候に左右されて行きたくない日があったり混んでてイヤになったり
宅トレで十分かもしれない
プールメインでジム通いしてた
ジム不向きタイプ…。
でも家には25Mプールないからなァ〜
なんといっても宅トレなら年会費も入会費もいらないもんね！
家計的にも宅トレサイコー！
ゼロ！
ただしモチベーションアップのためと言ってフィットネス関連のものをポチりすぎた感はアリ
ヨガ用レギンス
スポブラ
ヨガマット
ランニング用ショートパンツ
ランニングシューズ
速乾シャツ
めっちゃ散財してるじゃん
テヘペロッ

給湯器が壊れた！

給湯器が壊れました
ギャ〜〜〜ッ
あふれまくり!!
ザー
ワ〜 スコ〜イ
ワハハハ なにこれー!!
アハハ
自動のお湯はり・追いだき機能が使えなくなり、しばらく寒い思いをしました
温水プールの方があったかいのではなかろうか
シャワーで湯をためたり温度を調整したりする
ジャーッ
少し前からお湯を使うたび大きい音を立てていた給湯器…
給湯器
ドオン!!
ヤバイ!! そろそろ壊れるかも…
なかなか高いものではありますが最低限の費用で無事に交換
いくつかの業社に見積もり依頼して比較・価格交渉したら○×ってところがいちばん安かったからそこにお願いするけどいいかな？
費用？ 相場価格の約半分
THE 交渉人
今度、家計改善のネタとして取材させてください
いったいどんな交渉を…？
そんなこんなで新しくした給湯器には優れたエコ機能がついていまして
ひかえめ湯はり ひかえめふろ保温 とか
給湯温度や給湯量のエコモードとか
ひかえめ床暖房とか
CO2排出量とか
全体的にeco!
なかでもお気に入りなのがコレ
コレ!
40 ガス 18:00
運転入/切 呼出 追いだき ふろ自動
OPEN
ガス・お湯の使用状況がひと目でわかる!

高い買い物だったけど、節約意識が高まったのでヨシ

今どきの給湯器は便利機能が満載！

「見える化」で節約意識も高まる結果になりました。

使いすぎると目盛りが赤く点灯します
ペカ ペカ
ガス
18:00
呼出
追いだき
ふろ自動
OPEN
いかん！オーバーしてしまった！
さらに1㎥当たりのガスの単価料金も設定可能
ちょっと!!
子どもがお風呂入ったら一気に料金が上がったんですけどっ
使った分の料金がわかるので
シャワーヘッドどこ～～？
いや…ここはシャワーではなく
湯船の残り湯を使おう
こんな感じでお湯の無駄づかいが減りました
ブオ～～
でもやっぱり三兄弟が入ったあとのお湯はにおうから仕上げはシャワーですすごうカナ…
プールのあとみたいなにおいがするヨ
なんというか こう…「見える化」っていうんですか？
突撃インタビュー！新しい給湯器はどうだったのか!?
ガス代がいくらだったとか1日単位でわかると節約しがいがあるんですよね
主婦／埼玉県在住
マルサイペケルさん（仮）
おニューの給湯器のおかげでガス代節約への意識が高まりました
ハァ～ 自動でお湯はりできるって本当に便利!!
使用量のビフォーアフターに乞うご期待☆

ガス代節約の裏側

マルサイ家に新しい給湯器がやってきた。1日のガス使用量や料金がひと目でわかる機能により
ガス代節約魂に火がついたマルサイ。
果たして翌月のガス使用料金を減額することはできるのだろうか——!?
お
やった!!
ガス料金下がってる～!
前月分に比べてマイナス1155円!
○×ガスをご利用いただきありがとうございます
2021年×月分 ご使用期間
領収済金額 5,920円
検針結果のお知らせ
2021年○月ご使用量
当月請求金額 4,765円
ステキー!
もちろん新給湯器の見える化効果もあるけれど
ちょっと意識を変えただけでここまで差が出るとは思わなかったな～
嬉しくてずっと眺めてる
毎日の小さな積み重ねがいかに大切かガス料金を通じて実感
ダイエットとガス代節約の意識は同じ説
今日から毎日腹筋しよっと…
肉
ちなみにどんなことを意識していたかと言いますと…
皆さま左手の方向をごらんください

ちょっとした意識の差でマイナス11555円達成!

給湯器を新調したのを機に日々のちょっとした意識が変化!
めでたくガス代節約に成功しました。気をつけたのはこんなこと!

追いだきを控える
湯が温かいうちに立て続けに入る
1時間以内に全員入り終える
いちばん最後に入るとすごくぬるいけど筋トレしてからだとちょうどいい湯加減だったりします
ぬるいくらいがちょうどいいわ～
キモチィ～
筋トレ後入浴
シャワーは使いすぎない
ザバーッ
なるべく湯船のお湯を使う
ザバー
給湯温度を下げる
40度
38度
洗い物はなるべく水を使う
油汚れはセスキ水でスプレーしておくとお湯を使わなくてもスルッと落ちる
シュッ
電子レンジを活用する
チーン!
野菜の下ゆではレンジまかせ!
火力を強くしすぎない
鍋底から火が出ないようにする
そういえば5人家族の平均ガス使用料金っていくらくらいなんだろう
ハタ
うちって使いすぎ…?
だいたい5000円前後だそうです
そして冬のガス代は夏の1・5倍以上高くなるそうです
床暖房… 追いだき… 煮込み料理…
冬は…仕方ないよなァ～
ダイエットもガス代節約も夏が勝負!
今のうちにがんばっておこう!!

ディスポーザーも壊れた！

新築分譲マンションを購入し
はや14年が過ぎました
ワーッ
2人暮らしには
広すぎるくらいだねーッ
20代→
←30代
↖1歳
入居当時はまだ若かった2人
14年もたつとあちこちに
不調が出てきます
それは小さなものから
洗面所の床材が
はがれてくるとか
ホワイトだった
インターホン本体が
いつの間にか
イエローに変わってたりとか

大きなものまで
給湯器が壊れたり
ドバーッ
ブゥーン
静音モードが
ちっとも静音じゃ
なかったり
音がうるさくて
寝れん！
そして今回は
また新たな不調が…

さーて
ギョーザづくりに
取りかかるとするか〜
フードプロセッサーを
出しましてっと
ガラ
←シンク下収納
ん…？
なにか砂のような
ものが散ってる…
コレ
コレ
クエン酸

14年も使ったから、元は取れているはず!?

ピカピカだった新築の家も14年たつと経年劣化が…。
今回は、キッチンにあるアレが無残な姿になっていて!?

まさか…
のぞきこみっ
ギャ〜〜〜ッ
ディスポーザーが半壊してる〜〜〜
ボロッボロッボロ!!
ボディ部が崩れかかっている
ディスポーザーってなあに?
シンクに取りつける生ゴミ粉砕機のことだよ!
耐用年数は7年だよ
それなのに14年間一度も取り換えず酷使してきたんだよ
むちゃにもほどがあるね!
壊れるのも当然だネ
ディスポーザーかけると地響きみたいな振動があったからおかしいとは思ってたんだ
カタ
カタ
カタ
カタ
カタ
ドゴゴゴゴゴゴ
ズズズズズズ
よそんちも同じような音してたから安心しちゃってたな〜
ガガガ
ドォォォ
ゴゴゴゴ
ゴゴゴ…
ズズズズウン
おっディスポーザーやってるね!
管理人さんに聞いたらちょうどキャンペーン中で今なら1万円引きで交換できるってさ
1万円も!?
家計に優しい…総額おいくら?
8万8千円
ギャ〜〜ッ
ちっとも家計に優しくない〜
今後に向けていっそう節約せにゃと思いました

久しぶりの一人時間

月末はいつも締めきりラッシュ
時間も心も余裕ゼロ!!
だれもわたしに近寄るな
オーラ
その反動で(?)
月の初めはなにもかも余裕
つはぁ〜〜〜締めきりからの解放〜〜!!
のび〜〜っ
この余裕を生かして平日に休みをとろう
映画観に行こうかな〜
スケジュールアプリ
子どもたちを見送って家事をすませて身支度してなんだかんだで家を出るのは10時すぎ…
いってきま〜す
登校
洗濯
掃除
ゴミ出し
小学生チーム(二男と三男)が帰ってくるのが15時…
5時間かぁ
観たい映画はこの辺りの映画館で上映してないから
都内まで出るとなると電車で往復1時間映画観て2〜3時間
ランチして1時間ついでに買い物もしたい
ちょっとバタバタしちゃうな〜
めったにない1人の自由時間だし
もっとのんびりしたい気もするし
ほかにやりたいこと…
ほかにやりたいこと
漫画読んでオヤツ食べる
夜のフリータイムで可能
田んぼで生き物を探す
まだ田んぼに水はってない
灯台もと暗し!
そうだランニングがあるじゃん!!
唯一の趣味

自分らしく楽しむ安上がりな女、かっこいいです

久しぶりの1人の自由時間。やりたいことを満喫しようとしますが
こんなときにも節約家の血が騒ぎます!

さすがに5時間
ぶっとおしでは走れないけど
なにも気にせず
走ってられるのは最高だわ
家族のごはんのこととかね!
フン
フン
ボトル持って
カギとスマホ持って
あと小銭と保険証と~
よし出発だ~♪
途中で歩いたり
寄り道したりで
出発から2時間経過
ハァ
ハァ
そろそろ
お昼休憩
とるか~
お昼ごはんは途中で
コンビニに寄って
ゲットしたコレ!!
三色パン
¥108
3色パン
108円
たんぱく質10g
TOFU BAR
豆腐バー
¥128
PROTEIN
プロテインバー
¥124
いっただっきマ~ス♫
約400キロカロリーも
ある菓子パン
こんなときにしか
食べられないもんね~
うっま~
土手に腰かけて…
休憩がてら
ヨモギも摘んで…
¥0
途中で
飲み物買って…
¥116
帰りにスーパーで
白玉粉買って…
¥300
白玉粉
4時間後に無事帰宅
ただいま~
汗臭
ヨモギ
ひっつき虫
移動距離21km
この日丸1日休みをとって
使った金額は
776円
でした
中学生か!!
安上がりな女ね…

母子でライブ参戦

二男と某アーティストのライブに行ってきた
奇跡のチケット当選
ライブの前日
オレ ライブグッズは タオル欲しいな あとキャンディ
お母ちゃんは ミラー買うんだ~
キャッ
キャッ
アプリでグッズを選んでいる
Tシャツは どれ買うの?
う~ん ちょっと お高いから やめておく
着るかどうか わからないし…
えっ
もう手に 入らないかも しれないのに いいの?
記念になるよ?
うん チケット代だけでも そこそこ大きい 出費だったからね
チケット代
ファミリー席……8,800円
子ども……6,600円
システム利用料……500円 (×2枚分)
決済システム利用料……220円
デジタルチケット発券手数料……220円 (×2枚分)
合計 16,340円
ふ~ん…
せっかくなんだから 好きなもの 買えばいいのに…
そんなこと言ったら 全部買っちゃう
そして当日
会場最寄りの駅
すごいね~ みんなグッズ 身に着けてるね!
パーカ(1万円) 着てる人も たくさんいるね
あの人たちが 持ってる トートバッグも 売ってるんだっけ?
コレ
ああ! あれは1万円以上 お買い上げの人だけが もらえるバッグだね
そうか… 限られた人だけが ゲットできる アイテムなんだね…

テンション上がって散財しがち。よく我慢しました

今日は二男とライブ参戦。お祭り気分は財布のひもが緩みがち。
強い意志で必要なグッズだけ購入できた!

すごいねこの熱気! ライブ前なのにもう楽しい

ワイ ワイ

SAITAMA SUPER ARENA

今なら年代も性別も国籍も関係なくここにいるすべての人と思いを共有できるね~

ミニ蔵! グッズは本当にタオルとあめだけでいいんかい? ほかに欲しいものあれば買ったるで~

いやオレはタオルとキャンディだけでいい

キッパリ

ラバーバンドつけてライブ参戦とか絶対楽しいよ~

おそろいで買っちゃおうぜい

ウフフ ウフフ ウフフ

お母ちゃんそれ雰囲気で欲しくなってるだけだよ

流されないで!

あぶない あぶない ミニ蔵の言うとおり雰囲気にのまれていろいろ追加購入しちゃうとこだった

なんだかんだで予定どおりのものだけ買った

お祭り気分は財布のひもがゆるゆるに緩まるので強い意志が必要

予算内の戦利品

今回のライブ参戦費用まとめ

チケット代	16,340円
グッズ代	5,000円
(タオル	1,800円
ミラー	1,800円
キャンディ	700円×2)
交通費	1,500円
食事代	2,000円
飲み物 軽食代	1,500円
合計	26,340円

ライブに行くという目的があるだけで日常が華やぐし仕事もがんばれるし

人生を豊かにするための出費もときには必要よね

来年もライブに行きたい!
おう!!
来年はグッズを心置きなくゲットできるよう仕事も節約もがんばるぞ!
オレも行く!
盛り上がっているが肝心のチケットはまだ手元にないのであった

節約レシピ02
から揚げと揚げジャガイモの甘辛煮

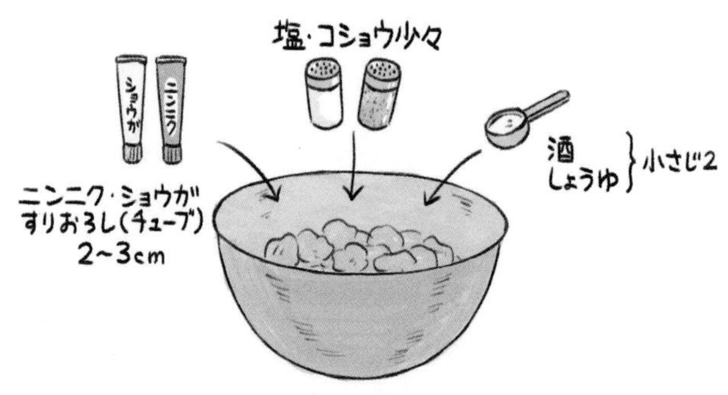
塩・コショウ少々
ショウガ
ニンニク
ニンニク・ショウガ
すりおろし(チューブ)
2〜3cm
酒
しょうゆ
小さじ2

1 一口大に切った鶏肉と調味料を
ボウルに入れ、もみ込んで下味をつけ、
小麦粉適量をまぶす

3〜4個

2 ジャガイモはよく洗って
くし切りにして水にさらし、
ペーパータオルなどで水気をふき取る

ジュワ〜

3 鍋に揚げ油を注いで熱し、
1と2を揚げる

タレ

しょうゆ
みりん
酒
大さじ2

砂糖 大さじ1

4 フライパンに甘辛ダレを注いで煮つめる。
とろみが出てきたら3を加え、
全体にタレを絡めて完成

Finish!

第3章

子ども費編

すくすくと育っていく3人の息子たち。
おやつ代に被服費、林間学校などのイベント…
もはや節約と出費の追いかけっこ状態！

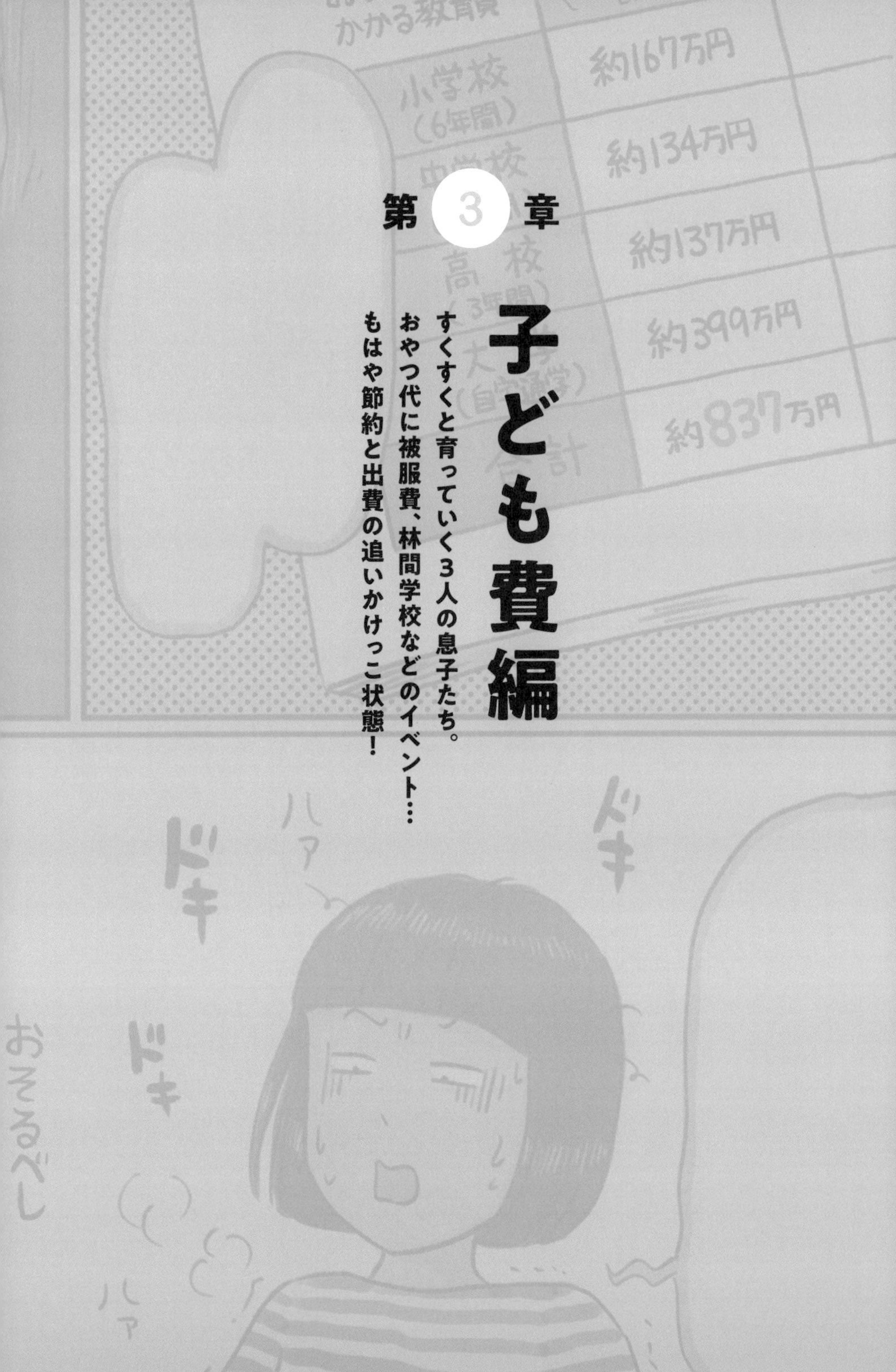

かかる教育費
小学校（6年間）
約167万円
約134万円
約137万円
約399万円
約837万円
ドキ
ハア
ドキ
ドキ
おそるべし
ハア

手づくりゼリー

冷たいものがおいしい
季節になってきましたね〜
外に行くとついつい買っちゃうコンビニのアイスカフェラテ
子どもたちも
冷たいおやつを所望
あっちぃね〜
おかあちゃん
ゼリーたべたい
オレ　アイス!!
オレ
杏仁豆腐か
マンゴープリン
全員ちがうものさ言う
そんなときにはこれの出番
チューペット!
またの名をポッキンアイス
10本入りでだいたい100円!!
ジャ〜ン!
初めの頃は喜んでいますが
ホホホ
安上がり
わーい
ヤッター
続くとブーイング
ブー
ブー
また
これ〜
あきた〜
そんなわけで汗ばむ季節は
ひんやり系おやつを充実
させるようにしています
アイスとか
プリンとか
ゼリーとか
ヨーグルトとか
なるべく安いやつ!!
とはいえ…
毎日のこととなると
おやつ代がかさむのよねぇ〜

1人当たり20円！ 手間はかかるけどつくる価値あり

バカにならない子どものおやつ代。いっそ手づくりしてみませんか？
ゼラチンとジュースという最低限の材料でも十分おいしい！

4
ゼラチン… 13袋入り３５０円…
寒天
ゼラチン
手づくりプリン
フ〜〜ン 1袋5gで 300mℓ分のゼリーが つくれるんだ〜〜 13袋入りってことは 1袋おいくら？
350÷13＝約27
1袋27円か… そしたら1ℓの リンゴジュースが100円だから〜〜
アホです
1回300mℓ使うとして〜〜 300mℓ当たりの金額が
100÷3＝33.3
ということはぁ〜〜 1回分で約33円でしょ？ え？ 合ってる？
ゼラチン1回分と ジュース1回分を 合わせて〜〜
ん〜と ん〜と
もん もん もん もん
計算苦手
……
……
1回当たり…… 60円…か？
……
それを 3人で 食べるから
3で割る…と
……
手づくりゼリーなら 1人当たり20円!!
安ッ!!!
よし!!
つくろう!!
めんどくさい けども!!
そしてつくりました
① 50mlの湯にゼラチンをよく溶かす
ゼラチン
5g
カンタン!!
お好みで砂糖入れる
ボウルなど
② 300mlのジュースに①を加えてよく混ぜる
③ 冷蔵庫で冷やして完成♫
冷
おいしい!!
つくってくれて ありがと
おいし〜
三兄弟ウケも◎!!
COUNTRY
簡単だし バリエーションも 増やせるし しばらくの間 ゼラチンのお世話に なりそう!!
安上がり だし
今度はコーヒーゼリーと 杏仁豆腐を つくってみようかな

子ども3人分の衣替え

衣替えシーズン到来
途方に暮れ中
……
もう なにが なにやら…
110-120 ズボン
冬物
子ども3人分と自分の分
二男のTシャツ 長男から下がってきたやつも 去年買ったやつも 今年でサヨナラかな…
三男へのお下がりはムリそう
汚。
まだ1年しか着てないのに
あれ？
110サイズの長袖が圧倒的に少ないぞ
山ほどあった兄たちのお下がりはどーした
これじゃ100サイズを卒業した三男に着せる長袖がないじゃん
あっ
そうだ！ 二男が着たら一気にボロくなったから処分したんだった
3年前のことなのでキレイに忘れてた
とことんな感じで長男のときに買った服は三男まで下がることはほとんどありません
お下がり
お下がらず
長男
二男
三男
新規購入
買いたし
処分
新規購入

3人分の衣類管理をしているだけで母はエラいよ

気づくとやってくる、衣替えの季節。
毎年「あれがない」「これもない」を繰り返してしまうのはなぜなんでしょう…。

三男が生まれたとき…
ホク
ホク
わ～い
同性3人なら
オモチャも服も靴も
お下がりでいける♫
家計に優しい～
とか思ってたけど
甘かった!!
なんだかんだで
衣替えシーズンになると
ガッツリ3人分買うことに
なってるもんなぁ～～
余談コーナー
三兄弟おそろいを着せるのが
長年の夢ですが
それぞれの好みと都合により
いまだ実現できず
<長男>
黒・青・迷彩など
The・男子な色や
柄が好き
赤や黄色はNG
<二男>
ポップなデザインと
派手な色が好き
白や無地は
汚れが目立つので
NG（←母的には）
<三男>
赤や黄色などハッキリ
した色が好き
今年に入ってから
肌との相性の問題で
綿100%のみ着用
そんなわけで衣替え時に買いたす
三兄弟の衣類品はこんな感じ！
二男用
場合により
上下合わせて
2着ずつくらい
長男用
トップス 4～5着
ボトムス 2～4着
（サイズアウトした場合）
三男用
トップス4着
ボトムス2～4着
兄たちの服は
ポリエステルを含むものが
多いため ほとんど
買い直すはめに…
某子ども服量販店の
セールを狙えば
これだけ買っても
1万円しないのがうれしい
ついでに
買い物欲も
発散！
その一方で体の成長が止まっている母は
同じ服を3～4年着ているのでした（経済的…？）

小学生の金銭感覚それぞれ

小学校から帰ると30円もらって駄菓子屋に行くのが日課でした
はい 30円ね
ワーイ ありがと〜
その30円をどうやりくりするか考えるのも楽しみのうちのひとつ
チマチマいくか…
5円チョコ×2
5円のカタチのチョコ
うまい棒10円×1
ガム10円×1
ドーンといくか…
アイスバー30円
スナック
スナック30円
フフフ
たまにクジつきお菓子でバクチに出ることもあった
たま〜にお菓子ではなくオモチャ的なものを買ったりもしたけど
スーパーボール
ゴム跳び用のゴム
チェーンリング
ベーゴマ
スライディングパズル
買ってすぐ飽きるパターンが多かったので
すぐ使わなくなるものを買うのは30円の無駄づかいだな…
みたいなことをぼんやりと思うようになった
考えてみたら駄菓子屋通いでお金の使い道を学んだようなもんだわ
30円が基準だったから500円なんて恐れ多くてもらえなかったもんね
賞状 入選
ごほうびに500円あげようね
いやいやそんな大金いただけませんッッ
あとずさりっ

※フェラーリは一億円貯めなくても買えます

幼い頃に通った駄菓子屋で金銭感覚を培った自分。
一方、今どきの子どもである長男と二男のお金の使い方は…？

うちの三兄弟の金銭感覚はというと…
＜二男の場合＞
買い物にくっついてきてお菓子をねだる
これ買ってもいい？
お使いのおつりでお菓子を買う
長ネギ買ったおつりでお菓子買っていい？
チマチマ買いタイプ
ちゃっかりタイプともいう
三男は除外
＜長男の場合＞
誕生日とクリスマスにどでかいものを頼む
ニンテンドーのスイッチお願いするんだ
2018年のクリスマス
精密な戦車のラジコンお願いするんだ
2019年のクリスマス
ドーンと
一発勝負タイプ
サンタさんに容赦ない
そんなタイプの違う兄と弟で共通しているのが
お年玉や臨時収入はキッチリ貯金
これ全部銀行に入れておいて！
手をつけずにそのまま預ける
え…全部預けていいの？数千円手元において本とかマンガとか好きなの買ったら？
つまんなくない？
いいのいいの!!預金しちゃって!!
そして　これまで貯めてきた貯金額をニヤニヤしながら眺める長男
ニヤ
ニヤ
ニヤ
ニヤ
おお…貯まってる貯まってる
お年玉はパーッと使うタイプ
……
共感できんわ～
ちなみに二男はお使いのおつりでお菓子を買いさらにおつりが出た場合は貯金箱に入れています
小銭が回りながら下に落ちるヤツ
ぐる～ん
ぐる～ん
ポトッ
一億円貯めてフェラーリ買うんだ!!

やる気度別・簡単デザート

食後のデザート習慣のあるわが家
今日のデザートはなあに？
ワクワク
おかずがコッテリだったからデザートはフルーツがいいなぁ…
まだ食うんかい
おなかいっぱいになったんだからそれで完結でいいじゃん
なんかこう食事の締め的にちょっとしたお甘が欲しくなっちゃうんだよね～
乙女か
わーいオレンジだー
そういえば小さい頃たまにごはんのあとに甘い物出るとすごくうれしかったな～
ごはん中より会話が弾む食後のお茶タイム
祖母
小学生の私
でもうちは毎日だもんな～～
あって当たり前、みたいな…
デザートがないとギャン泣きする三男
デザート出してエエエ
ギャーーッ
毎日となると地味にデザート代がかさむんだよなぁ…
ゼリー
フルーツゼリー
ヨーグルト
アロエヨーグルト
プリン
プリン
果物
結局つくるのがいちばん安上がり
背に腹は代えられぬってね…
つくるとするか
かんたんおやつ

やる気がなくてもおやつはつくれる！

食後のおやつは、手づくりするとやっぱり安くすみます。
やる気度別にレシピを紹介しますのでぜひ参考にしてください！

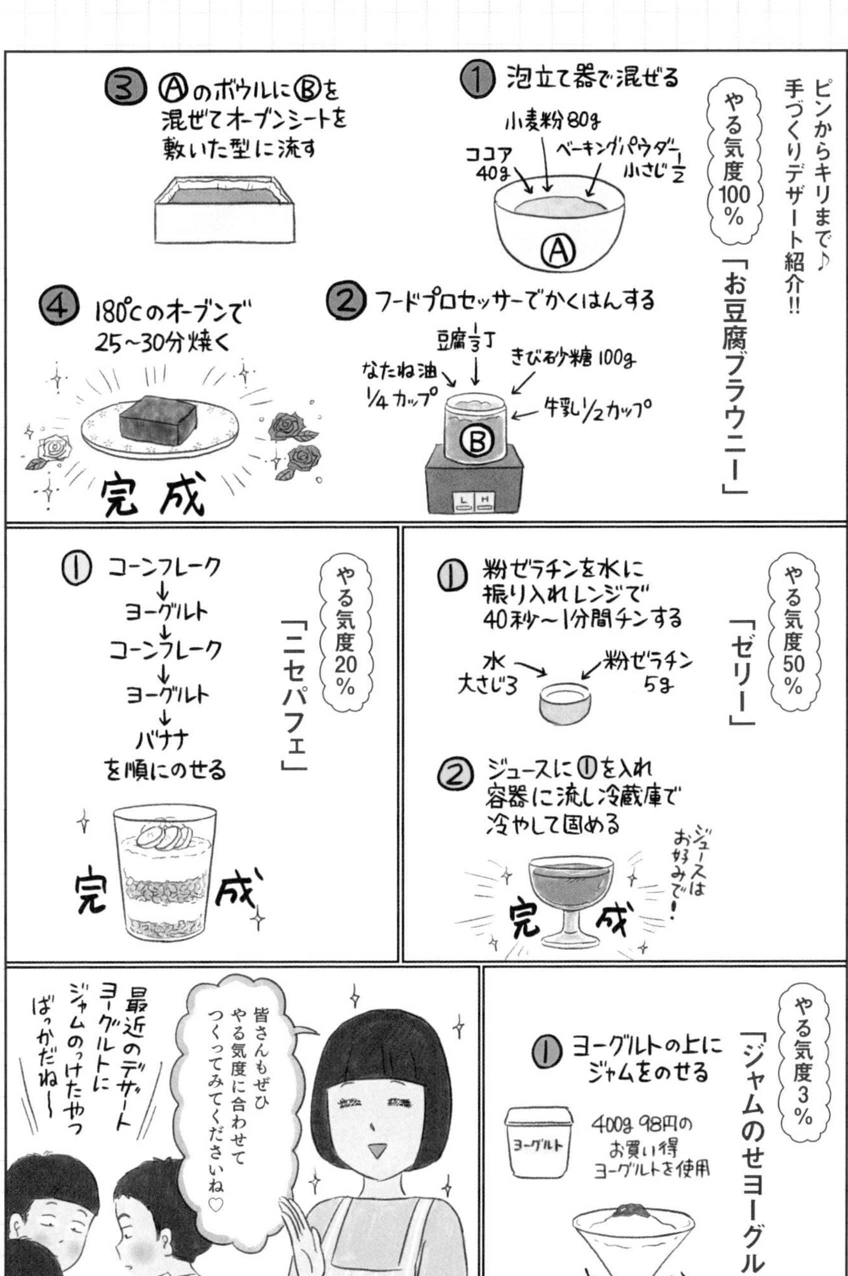

ピンからキリまで♪
手づくりデザート紹介!!
やる気度100%
「お豆腐ブラウニー」
① 泡立て器で混ぜる
小麦粉80g
ココア40g
ベーキングパウダー小さじ1/2
Ⓐ
② フードプロセッサーでかくはんする
豆腐1/3丁
なたね油1/4カップ
きび砂糖100g
牛乳1/2カップ
Ⓑ
③ Ⓐのボウルに Ⓑを混ぜてオーブンシートを敷いた型に流す
④ 180℃のオーブンで25～30分焼く
完成
やる気度50%
「ゼリー」
① 粉ゼラチンを水に振り入れレンジで40秒～1分間チンする
水大さじ3
粉ゼラチン5g
② ジュースに①を入れ容器に流し冷蔵庫で冷やして固める
ジュースはお好みで！
完成
やる気度20%
「ニセパフェ」
① コーンフレーク↓ヨーグルト↓コーンフレーク↓ヨーグルト↓バナナを順にのせる
完成
やる気度3%
「ジャムのせヨーグルト」
① ヨーグルトの上にジャムをのせる
ヨーグルト
400g 98円のお買い得ヨーグルトを使用
完成
皆さんもぜひやる気度に合わせてつくってみてくださいね♡
最近のデザートヨーグルトにジャムのっけたやつばっかだね～

長男が中学入学

春は別れと出会いの季節――
ということで三兄弟もそれぞれ進級・進学しました
中学1年生!!
長男
小5
二男
小2
三男
ときはさかのぼり年明けのこと
ついに中学校入学書類一式が届いた…!
おお～いよいよか…
読んでおいてね
入学のしおり
保健調査表
ところで私は書類を読むのが苦手です
字がビッシリ…
情報量が多すぎて目が滑りまくるよ～
とりあえず2月の入学説明会までにもろもろの書類に記入しとけばいいのね
バサッ
また時間があるとき読もう…
そしてあっという間にときは過ぎ――
使われていないオーディオの上に放置された書類
2月
そろそろ制服を注文しなきゃ
あとジャージとかも
男子ブレザー　2万4千円
冬スラックス　1万2千円
ネクタイ　2千4百円
夏用半袖ポロシャツ　4千3百円×2
夏用スラックス　9千5百円
Yシャツ　3千円×2
トレーニングシャツ　4千7百円
トレーニングパンツ　3千9百円
スポーツTシャツ　3千2百円×2
ハーフパンツ　2千5百円×2
ヘルメット　3千8百円
上履き　3千百円
そこらへんの公立中学校だと思って甘く見てたわ…
心と財布の準備ができてない

心と財布の準備をしておくのが大事ですね

長男がついに中学入学。そこらへんの公立中だと

思って甘く見ていたら想像以上の出費が…!

指定じゃないやつは安いとこで買うとして～
それでも8万円以上か…
運動着関係は現金購入だとぉ～
制服はカードで払える! よかった…楽○カードで払ってポイント貯めよう
給湯器交換(P.58参照)にディスポーザー交換(P.62参照)と、出費が続くなぁ…
運動着採寸会in中学校
成長することを見越してLサイズにしよう
3年間着られるように…
どう考えてもLサイズは大きすぎるでしょ…
ぶか～
よく見てオレを!!
上履きもプラス2cm大きくていいんじゃない?
は～とりあえず必要なものは全部買えたね!!
制服も注文できたし
体育着だけで2万円もかかるなんて思ってもみなかったよ
高すぎじゃない?
おつかれ～
友人親子
今日はイタい出費だったね～
お～!! おつかれ～!!
あとはシューズ(5千円くらい) 通学用リュック(1万円くらい) 自転車(3万円～) 買って終わりだネ!!
忘れてた
出費はまだまだ続くのであった――

部活や林間学校にかかるお金

いつものようにESSEを読んでいたら気になる記事が…
お子さま1人にかかる教育費
標準コース（小～高校・公立 大学・私立文系とした場合）
オール私立
小学校（6年間） 約167万円
中学校（3年間） 約134万円
高校（3年間） 約137万円
大学（自宅通学） 約399万円
合計 約837万円
子ども1人につき約837万円… てことはうちは×3だから…
約2511万円
ゴンッ
ESSE
わかっていることとは言えこうやってあらためて数字で見ると破壊力がスゴイな…
ドキ
ドキ
ドキ
ハァ
ハァ
おそるべし教育費…
ESSE
長男が中学生になって出費も増えてきて
ここからますますお金がかかっていくと思うと不安しかないわ～
入学の時点で10万円以上かかったし部活関係でまた10万円近くかかる予定だし…
そのうえ2年後には二男も中学生
みんな高校も公立に行ってくれよ…
頼むぜ…!!
お母ちゃんただいま

子どもが成長するにつれ必要な教育資金も増えていきます。
部活に林間学校に…まずは小さなところから節約!

林間学校の
おたより
読んでおいてね
ウッ
2万円…
あ～オレも
林間学校の
おたより来てたわ
ハイッ
ウウッ
またもや
2万円
お母ちゃんあと
部活で譜面台が
必要になるんだけど
3千円くらい…
お母ちゃ～ん
これ集金袋
3千円だって!
次から
次へと…
え～と
3千円ね
湯水のように
お金が消えて
いくのが恐ろしい…
教育資金は
もちろんのこと
老後資金も
貯めなきゃだし…
もっとお金の
勉強をして
戦略的に貯蓄
していこう!
とりあえず
今夜のごはんは
モヤシとベーコンの
しょうゆ炒めだな
節約!!
ブー
ヤダ～ッ
え～
ブー
ブー
ブ
超ブーイング

長男の意外な趣味

長男は金属をみがくのが好き
なにか みがくもの ない？
ヒマになると みがくもの求めてやってくる
PIKAPIKA
初めの頃は重曹や歯みがき粉を使って5円玉や10円玉をみがいていましたが
小学校低学年の頃
わ〜 キレイになった〜
中学生になってから本格派アイテムを導入
ジャ〜ン
PIKAPIKA
ピカピカール
金属みがき
乳化性液状金属みがき
家じゅうの金属をみがきまくりネタがつきると再び私の元へやってきます
なんか みがくもの ない？
妖怪 キンゾクミガキ がまた来た…
置き物とか
ペン軸とか
記念メダルとか
そういえば変色しちゃって使わなくなったアクセサリーがあったような なかったような…
ヤッタ！ それ探せる？ 見たい！
あった！ これ25歳くらいのときに買ったやつ！
わーい！ 素材は？
う〜んと シルバーかな？
ありゃりゃ チェーンまで変色してる
シルバーなら これで みがけるよ
ウキ
ウキ
これ
PIKAPIKA
というわけで みがいてもらいました

妖怪5百円玉みがき、いいやつなのか困ったやつなのか

地味にマニアックな趣味をもつ長男。
今日も母のところにやってきては、あることを…。

1時間後
ええ〜!? すごくキレイになってる!!
すご〜い!!
こんなに輝きが戻るなんて!!
なにそれ〜 買ったの?
Before
After
わ〜い ありがと〜
うれし〜
お出かけのとき またつけられるわ
エヘヘ
これ手放して新しいの買おうと思ってたからなんかトクした気分だよ
あ…ハイ…
わかりました…
みがけば多少高く売れるから手放すときはひと声かけてね
価値が上がるでしょ?
そんな長男が今ハマっているのが5百円玉みがき
妖怪 5百円玉みがき
5百円玉みがくからチョ〜ダイ
ピカピカにみがき上げられた5百円玉は非常に美しい
見てよ この輝き
そして みがき上げられた5百円玉は使用を禁じられ長男のコレクションとなるのでした
私の5百円返してよ
コレめちゃキレイにみがけたから一生使ったらダメなやつ!!
コレクションという名の5百円玉貯金

はんぺんチーズ

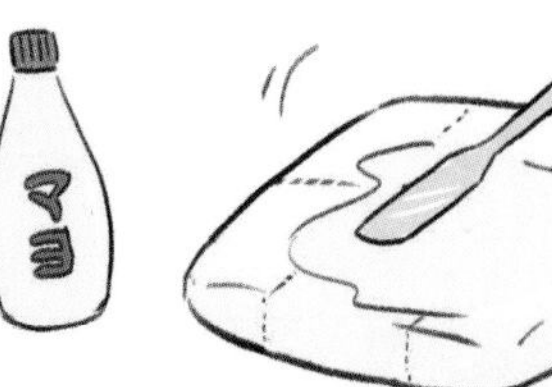
マヨ

1 はんぺんは取り分けしやすいように
4〜6等分に軽く切り目を入れ、
マヨネーズを塗る

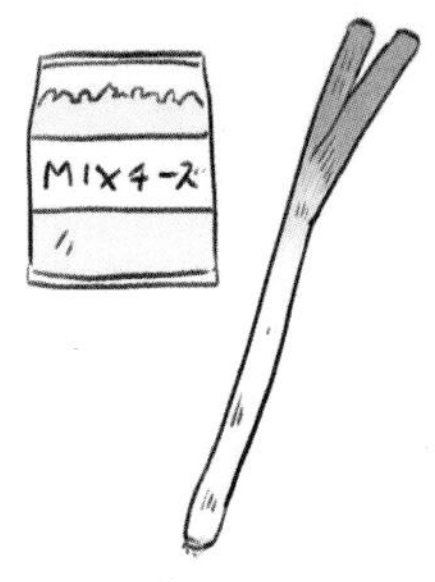
MIXチーズ
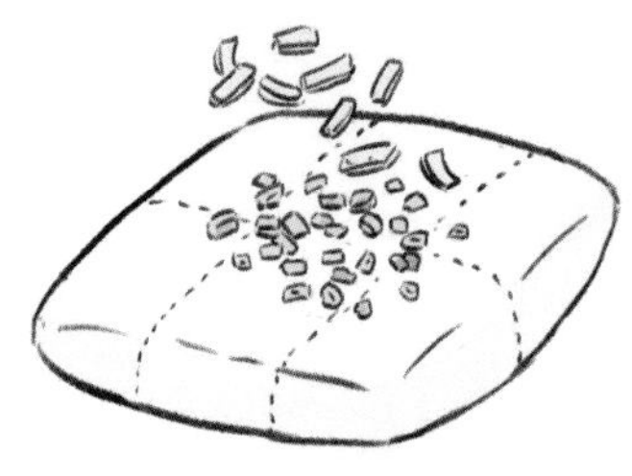

2 ネギをみじん切りにしたものを1にちらし、
さらにミックスチーズをのせる

3 アルミホイルに2をのせ、
トースターで焼く。
チーズが溶けて
焼き色がついたら完成。
切って皿に盛る。

チーン

Finish!

ISA
どっちも国が用意した制度
貯蓄口座
ual Saving Accou

第4章

貯金・ポイ活編

根っからの現金派だけに苦手意識があった
ポイ活や投資にも果敢にチャレンジ。
できることが増えると楽しい！

ポイ活マスターの夫

ある平日の昼下がり
家計改善を読んでる
ESSE
ねぇ最近
家計改善のテーマから
ズレていってない？
ドキィ
シイィ〜〜ーッ
ガッ
ネタギレした
なんて大きい声で
言っちゃダメよ！
ヒソ
ヒソ
人聞きが
悪いわねッ
あ　なんだ
ネタギレ
してたの
ネタギレなんか
してないもん！
食費節約ネタに
寄りがちだから
テーマを広く浅く
展開してるの！
浅いって
自覚があるんだ…
そんなわけで
出費について最近
心がけていることが
ありましたら
ネタください…
つまりネタギレ
してるんだね…
オレはねー最近
カードを一本化して
ポイントバックを
心がけて買い物してる
CARD

現金主義の親からの刷り込みってありますよね

今やキャッシュレス時代。夫は、さっそく
ポイント還元を活用しています。一方マルサイ本人はというと…。

一本化?
うん
還元率の高いカードで大きな買い物をしたり公共料金や光熱費を引き落としたりして
新しいパソコン
給与受取
本
コンビニ
効率よくポイントを貯めてるよ
そうか〜カードか〜
時代はキャッシュレスだもんねぇ
でも私 現金主義の親にカードは身を滅ぼすと刷り込まれて育ったから気軽にカードが使えない体になっちゃったんだよね
でも現金はポイントつかないからもったいないとは思うよ
アナログ人間
たとえばこの前パソコン買い替えたでしょ
夫の仕事のパートナー
ウン
カードで買ってついたポイントが1万6000円分だよ
16000円!!
しかも還元率の高いサイト経由で買えばポイントも倍になる
スゴイ!! 私より断然お得に買い物をしてる…!!
けっこうみんなフツーにそうしてると思うよ
ガーン
そうしてガンガン貯めた一部のポイントは投資に回してる
あとポイント使ってお正月にウニとかイクラを取り寄せたり
ヒィー やり手すぎる
今月学んだこと
「行きづまったら夫にネタをもらう」
違う!! そこは「キャッシュレスでおトクにポイントを貯めて貯金アップ☆」とかだろう!
アホかきみは

クローゼットの不要品を処分

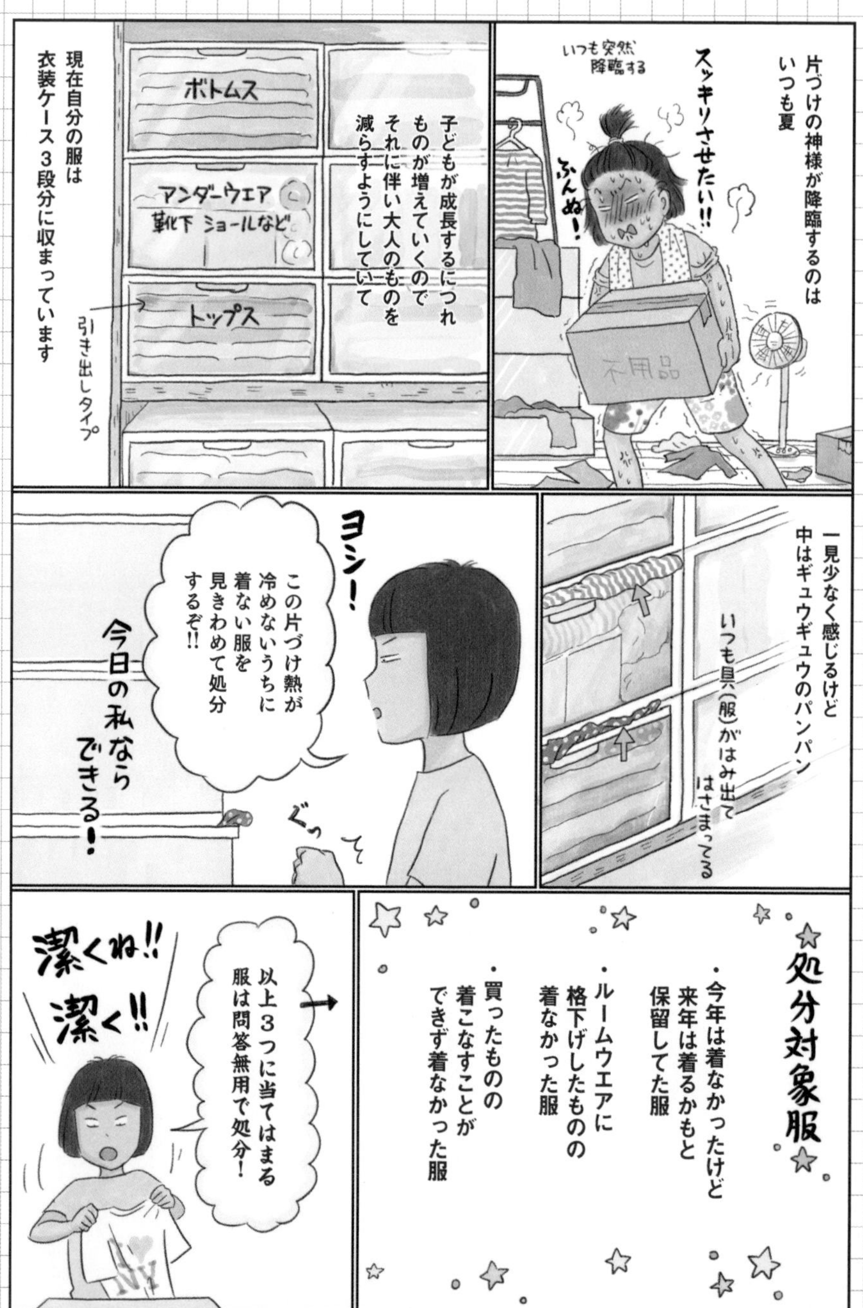

片づけの神様が降臨するのはいつも夏
いつも突然降臨する
スッキリさせたい!!
ふんぬ!
不用品
現在自分の服は衣装ケース3段分に収まっています
子どもが成長するにつれものが増えていくのでそれに伴い大人のものを減らすようにしていて
ボトムス
アンダーウエア 靴下 ショールなど。
トップス
引き出しタイプ
一見少なく感じるけど中はギュウギュウのパンパン
いつも具(服)がはみ出てはさまってる
ヨシ!
この片づけ熱が冷めないうちに着ない服を見きわめて処分するぞ!!
今日の私ならできる!
ぐっ
☆処分対象服☆
・今年は着なかったけど来年は着るかもと保留してた服
・ルームウエアに格下げしたものの着なかった服
・買ったものの着こなすことができず着なかった服
以上3つに当てはまる服は問答無用で処分!
潔くね!!
潔く!!

一軍の洋服のみに厳選するのって難しいものです…

片づけ祭りの夏がやってきた! 処分する洋服のルールを決めて
取りかかった…はずが、まったく減らないのはなぜ!?

あ〜…
これなぁ…
去年買って2回しか
着なかったんだよなぁ
はやりのビッグシルエットだけど
本当にビッグすぎて
手におえなかったやつ…
とりあえず保留だな
早速心折れる
保留
保留
これは
長男とか二男が
成長したら着るかも
保留決定!
これルームウエアに
格下げして着なかった
けど今年は着るかも
保留決定!
保留
これは去年もおととしも
着なかったし今年も
着ることはなさそう
サヨナラするか
ボロいし
ここでようやく
処分服キタ!
最終結果
お気に入り
毎日着たい服
ヘビーローテーション
一軍
一軍の洗濯中に
着るたいして
ときめかない服
二軍
保留服
いざとなったら
着られる服
三軍
一軍を増やしたいところ
ではあるけれど
着られる服は十分にある
この現状を前にして
新しい服を買う
わけにはいかない…!
THE
モッタイナイ
精神
こうして衣装ケースの
中身は今年も
アップデートされない
のであった
2018年
2019年
2020年
毎年同じ服装
家計的には
ウェルカムだけど
これってどうなの

フリマアプリに出した結果

前回に続き家じゅうの片づけをしているわが家ですが
まだ使えるけど不要品
という行き場に困るものたちが多数いて
不燃ゴミに出すにはもったいない気もするのよねぇ
FAX機能つき電話
※FAX機能はいらないので新しいものにした
小型!
リサイクルショップって手もあるけど…
イヤです
フル
フル
以前ものすごく待たされたので行くのがイヤ
あっそうだこういうときこそアレを使おう
なに?
フリマアプリだよ
カチャ
カチャ
元値と相場感を確認してみよう
へぇもともとは2万円だったのかあら今は販売終了だって
カチ
カチ
SOLD
SOLD
SOLD
だいたい2000円から5000円の間で売れてるみたいね
うちのは説明書と箱はないけど子機用の充電池は交換したばかりで状態はいいから――

過去は振り返らない！ 未来だけを見て進むんだ！

今や一般的になったフリマアプリ。片づけ祭りで出た不要品を販売してみることにしました。売り上げに笑顔…のはずが…!?

3000円ぽっきりで！
売れるといいな〜！
ハイ！いい相場感だと思います！
カチッ
1時間半後
早速売れたよー！
わースゴイ！
よしこの勢いで次々出品していこう！
バッグ
本類
スニーカー
などなど
そして
1週間後
不要品売ってトータル5万円になりました〜☆
ホク
ホク
スクワット中
おお〜スゴーイ！
一歩間違えば不燃ゴミ行きだったなんてウソみたいね!!
こうしてフリマアプリを活用し始めてからは不要品が無駄になることがなくなりました
が
ねぇ…前の片づけのときにゴミに出したデザイン用のソフト…
出品してれば3万円で売れたみたい…
ガー
えーー!?
どよ〜ん
その前に捨てた腕時計は1本1万円で売れてた…
3本捨てちゃった…
フル
フル
あとね…あとね…
イヤ!! もう言わないでっっ
ものを手放すときは事前にフリマアプリをのぞいてからが吉デス…

ポイ活実践編

ポイ活を終活の一部だと思っていました
ポイ活
これもポイ
あれもポイ
みんなポイ
ポイポイ捨てる
↓
断捨離的行動
（身辺整理）
↓
終活
30代40代の主婦がポイ活って言うたびに
「まだ若いのになんでまたそんなに生き急ぐのか」
と思っていたら…
カリスマ主婦
この人もポイ活を…!?
〔ポイ活〕
ポイントを貯めたり使ったりして毎日の暮らしをおトクにする活動
ガーン
終活と全然関係ない
節約の友
そうか「ポイント」の「ポイ」なのか
あぶないあぶない
SNSでポイ活のこと投稿しなくてよかった〜
全世界にアホをさらすとこだったわ…
でも今全国誌でさらしてる
そういうことなら私もポイ活やってるわ
マルサイの2大ヘビーユーズポイントカード
ウェルパークポイントカード
（近所のドラッグストア）
100円ごとに1ポイント貯まる
ヤオコーカード
（近所のスーパー）
200円ごとに1ポイント貯まる
500ポイントで500円割引
ポイントといえばわが家のポイントキングに強く推されてR天カードつくったんだったな
ポイントキング
R天カードでポイントを貯めに貯める男
一度も使ってないや
R天はポイ活しやすい仕組みがいろいろあるからぜひ使ってみるといいよ
せっかくつくったんだし…
今までずっとBカード一本で使ってきたから
R天カードを使うタイミングがよくわからなくてさ〜
そうだよね〜

「ポイ活」のポイは「ポイント」のポイです

重い腰を上げて、ついに話題の「ポイ活」に挑戦します。
夫の熱血指導を受けるものの最初から前途多難…？

たとえば
ネットで買い物するときは
R天が運営するサイトで
選んでみるといいよ
※R天カードの回し者ではありません
R天カード
＋
R天市場
ショッピングサイト
↓
ポイントが倍！
ポイント貯まるよ〜
近々ネットで
買い物する予定ある？
あるある〜
ふるさと納税の返礼品
佐賀牛とか
唐津のハンバーグとか
佐賀ファン
よし
じゃあまずは
R天のショッピングサイトで
探してみなされ
これに決めた！
ポチりま〜す
ちょっ…
まちたまえ
ポチるのは
今じゃないんだ!!
ええ〜
なによう
まだなにかあるの？
だんだん
めんどうくさく
なってきた
あるのだ！
毎月5と0のつく日は
ポイントが5倍に
なるのだ！
5
じゃあ次の0か5が
つく日まで待った方が
いいってこと？
今すぐほしいものがあったとしても？
そういうこと
もしくは毎月
「お買い物マラソン」ていうキャンペーン
やってるから、その期間に買い物すると
ポイントがうんちゃらかんちゃら
くっ…
なにも考えず
ポーンと
買い物したい…！
考えることを
放棄するな!!
ポイ活するんだろう!?
こうして私のポイ活が
始まったのであった

ポイ活結果編

ポイ活の師匠(夫)から
R天カードのポイント活用術を
学んだマルサイ。
ふるさと納税返礼品から
身近な消耗品までさまざまなものを
ネット購入し、R天ポイントを
コツコツと貯め始めているのであった
ど〜れ
ポイントチェックでも
してみるかな
おぉ!?
なんと!!
3749ポイントも
貯まっているではないか〜!
ポイント獲得実績
○月×日 R天市場 +65ポイント
○月×日 R天市場 +120ポイント
○月×日 R天市場 +100ポイント
○月×日 R天市場 +50
ポイントの詳細を見ている
バーンッ
スーさん!
ポイントけっこう
貯まってたよ!
ビクッ
ダンッ
ホントだ
けっこう貯まってるけど
もうすぐ利用期限
きちゃうね
あら
ホントだ
よし!!
満を持してアレを
買おう!!
自分に
ごほうび
アレ
オールインワンタイプの
スキンクリーム
¥4,600.-

さっそくポイ活の威力を実感したマルサイさんでした

ポイ活を始めました。いつの間にか貯まっていたポイントで「自分へのごほうび」を買っちゃいました!

ちょうど1週間前にきらしてしまったこのスキンケア用品は
ガーン
プスッ
プッシュしたとき何も出てこないととてもショック
何度もリピートしているマルサイのお気に入り品である
大事に大事に使うのでなかなか減らない1本あれば1年もつ
ちょびっ…
少量を念入りに伸ばす
ぬり
ぬ〜り
ぬり
ぬり
ぬり
4600円と高めだが1年使うのでコスパはよい
ちなみにこの1週間ニ〇アを使っていたけどお肌の調子めっちゃいい
もうニ〇アでいいのでは…
いいかいわが妻よ
ポイントを利用して買う際にもポイントがつくことを覚えるんだ
ハイ師匠
よく見ていたまえ
まず5と0がつく日であるか確認
今日15日です!
そして数あるショップのなかからポイントが高くつくショップを選ぶ
さらに今日はR天スーパーセール!ポイント最大10倍の日だ
もちろん送料無料クーポンつきもチェック
む!このショップはポイント最大30倍、しかも300円のクーポンがつくぞ
ここで決まりだ!
そして3749ポイント使うと…
〇×ショップ
ポイント30倍
¥4620
送料無料
652ポイント
小計 4620
クーポン −300
合計 4320
ポイント利用 −3749
総額 571
請求金額¥571
うおぉぉ〜〜571円で買えた〜〜
しかもなんだかたくさんポイントついた
R天市場〇×ショップ買い物 ＋652ポイント
R天市場アプリ利用者特典 ＋197ポイント
R天カード利用者特典 ＋397ポイント
キャンペーンR天スーパーセール ＋1005ポイント
キャンペーンエントリーで2倍 ＋335ポイント
キャンペーン 5と0のつく日 ＋670ポイント
こっ…これが…これがポイ活なのかー!
私のポイ活はまだ始まったばかり――

気づけば貯まる小銭貯金

たまに行くスーパーのカートはコインロック式
100円を入れると前のカートにつながっているロックが外れる
使うたびに財布から100円を出し
スーパー
カチッ
使い終えたら100円を
直接バッグにポイッと入れる
財布出すの面倒だな…そのままバッグに入れちゃえ
ズボラのきわみ
巾着タイプ 開閉が面倒
そんなことが何回か続いたある日
あっ
バッグの底に百円玉がいっぱいある!!
総額500円
めずらしくバッグの整理
期せずして臨時収入ゲット〜
ヤッタネ!〜
このように私は小銭管理が非常にルーズです
またある日のこと
お母ちゃんパン買ってきたよ〜
お使いありがと〜
助かった〜
おつりどこに置けばいい?
お母ちゃんの小物置き場に置いといて〜
ハ〜イ
チャリン

書籍タイトル「ズボラ母さん」を見事に体現！

ちりも積もれば山となる! 意外とバカにならない小銭貯金。
「ズボラ」を生かせば苦もなく貯まってしまうんです。

さらに別の日
牛乳買った おつりここで いい?
うんいいよ~
おつかいサンキュー
買い忘れ品をしょっちゅう子どもに買ってきてもらうダメ母
そんなこんなで おつかいが続き ふと気づいたら…
わっ
知らない間に小銭だらけになってる!
ジャラ
ジャラ
100… 200…300…
すごい! 870円あったわ
この前の臨時収入といい
カードに使って財布に戻さなかった100円玉×5枚
この小銭をしまうのが面倒というズボラさのおかげでなんだか得した気分だわ~
※実際にはなにも得していない
ジャラ
ひらめきっ
そうだ! じゃあもうこの際財布にしまわなくてもいいシステムにしよう!
ポンッ
?
というわけで新しく導入されたシステムがこちら!
ジャ~ン!!
ズボラ貯金箱
ズボラ有効活用
財布に戻されなかった小銭たち
貯金してる意識もなく勝手に貯まります
ポケットの小銭を財布に戻すのが面倒というタイプの方にオススメです!
学校の集金用小銭としても便利です

投資を始めてみた

ESSEの貯金特集を
読んでいたときのこと
ESSE
貯金特集
世の主婦たちは
こんなにしっかり
老後を見据えて
貯めているのか…
イデコって
何だっけ…
小さいところで出費を抑える
程度のことはやっているけど…
おっ、食パンが
30%引きだ
2斤買って
冷凍しておこう
おつとめ品コーナー
私もそろそろ
本腰入れて
老後のこととか
考えないと…
そこらへんのこと
夫に丸投げ
だったもんなァ…
まずは
お金について
勉強しよう!
確かここらへんに
夫が私向けに
買ってくれた本が…
えーと
どれだっけ…
あった!!
これこれ!!
めちゃわかりやすい
投資の入門書
プロがわかりやすく解説
15分後
……
カクン
カクン
うつら
うつら…
ヤバイ…
知らない言葉が
たくさん出てきて
内容がちっとも
頭に入らない…
インデックス
運用?
GPIF?
そもそも
投資信託って
なに…?

使えるものは夫でもなんでも使いましょう!

老後のお金について考え始めました!
話題の投資信託にもチャレンジしてみることに。

私にはもっと基本的なお金の知識が必要のようです…
え…この本でギブアップしたの…?
なにがそんなにわからないの?
返却。
ある意味猛者だね…

みんなイデコイデコニーサニーサ言ってるけどイデコってなに!?
ニーサとの違いは!?
ESSE
貯金特集
オレ今まで100万回くらい説明したけど!?

半年後――
マルサイはようやくiDeCoとつみたてNISAの違いを細胞レベルで理解した
なるへそ!

どっちも国が用意した制度

つみたてNISA
個人貯蓄口座
Nippon Individual Saving Account
- 投資の利益に税金がかからない(20年間)
- 買えるのは金融庁審査ずみの投資商品
- いつでも引き出せる

iDeCo
個人型確定拠出年金
individual-type Defined Contribution pension plan
- 投資の利益に税金がかからない
- かけ金が控除になるので節税になる
- 60歳まで引き出せない

なるほど…フリーランスはiDeCoと相性がいいのか
だからスーさんは私にiDeCoを勧めたんだね!
うん…それも200万回くらい説明したよねオレ
毎月のかけ金が全部控除になるんだねッ
利益にかかる税金も非課税ッ
引いてる

ほほ~う
つみたてNISAもiDeCoも投資なんだね
今ならあの本が理解を深めるのに役立ちそうだ…

山あり谷ありなんやかんやあって無事につみたてNISAとiDeCoの口座を開くことができたマルサイ
なんでオレが…
サンキュー!
※ほぼ見てただけ

どれ買えばいいかよくわかんない
スーさん選んでくれない?
投資信託の商品…
……
そして夫は口座管理という手間がまたひとつ増えたのであった――

偽もつ鍋

〈カンタンバージョン〉
もつ鍋つゆ
市販の鍋つゆ

お好みで
唐がらし
ニンニク
ニンニク
すりおろし(チューブ)
5〜7cm

水 500ml
しょうゆ 大さじ2
酒
みりん
中華だし
} 大さじ1

1 鍋に水と調味料を入れ、火にかける

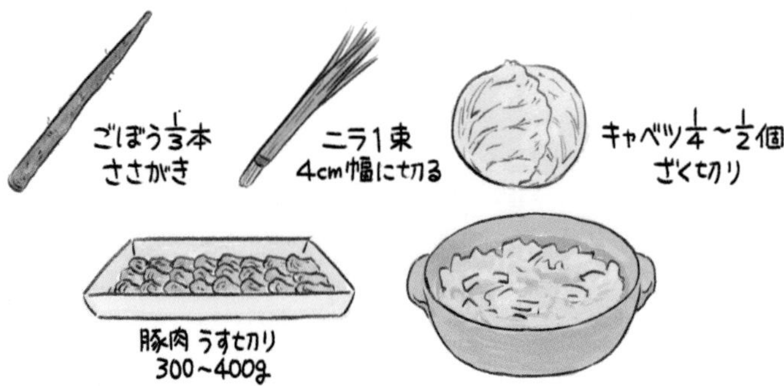
ごぼう1/3本
ささがき
ニラ1束
4cm幅に切る
キャベツ1/4〜1/2個
ざく切り
豚肉 うす切り
300〜400g

2 材料を切り、ゴボウ、キャベツを1の鍋に入れる。
薄切り肉は1枚ずつ入れる。火が通ったらニラを加える。

3 仕上げにいりゴマと
ゴマ油を回しかけて完成

Finish!

いりゴマ
大さじ1
ごま油
少々

第5章

実母の教え編

これぞ、元祖・SDGs!?
節約達人であるマルサイさん実母の
"昭和の主婦の知恵"の数々をご紹介。

家じゅうのポット類総動員
ズラ〜
30年前

実家の夏の節約

夏がきました
ネコが床にペタッと寝ていると夏がきたなあと思う
ステテコ
ところで「家計改善」がテーマのこの漫画
第1回から食費にスポットを当ててお送りしていますが
今回は光熱費ネタをひとつ
それはまだ改札口を通るとき駅員さんに切符を切ってもらっていた時代(たとえが古い)
昭和60年代のワタシ
野生児と呼ばれる
実家では母が口グセのように※「省エネ　省エネ!!」と叫んでいました
省エネ!省エネ!!電気代がもったいない!!!
※省エネルギーの略
別々の部屋にいると電気代がもったいないとひとつの部屋に追いやられる
姉①
姉②
ハイハイ
ハイハイ
OHIO
そんな母の夏の節約術を紹介します!
実家にて
その① 緑のカーテン効果でエアコンいらず電気代節約!
ワッサー
ハーイ
コンチハー
日かげ涼しい~
ガチャ
いらっしゃい~
暑いなかよく来たね~
遅くなってゴメン~~
お昼の用意手伝うね!

お母さんの髪型やメイクの変化も気になりますね…!

筋金入りの省エネ達人は意外と身近なところにいました。
昭和を感じるガチな工夫は感心させられるものばかり!

私うどんゆでるね〜
大きい鍋どこ?
鍋はね 水を入れて黒い袋に包んで庭に置いてあるから持ってきてくれる?
庭?
ドン
あやしげな物体
あれか…? なんで黒いビニール?
その② 太陽光を利用してガス代節約
あ!! 水が湯になってる
パカ
ほんのり温か〜い
その③ 米のとぎ汁活用で水道代節約
おかーさん流しにあるボウルに入った白い水は捨てていいやつーー!?
それ米のとぎ汁〜 植木や庭先にまくのよ〜
その④ 視覚効果で清涼感アップ
お手製の苔玉とアクアリウム
涼しげだねぇ〜
ステキね〜
その⑤ 濡れたてぬぐいを肩にかけ体温調整
冷たくて気持ちいいわよ
だいぶ涼しくなるね〜
その⑥ 私が小5のときにはいていたズボンをはく
生地が薄くて涼しいのよコレ
なつかし〜
30年前の
ウチ、夏は光熱費がすごく上がるんだよね
エアコンめちゃ使うし
お母さん見習っていろいろ工夫してみるわ
ウンウン がんばりな〜
振り幅が激しい母なのでした
じゃ
夜ごはんは景気よくパ〜ッとおすし行こうか
ごちそうしてあげる
えっせっかく省エネしてコツコツ貯めてるのに!?
スシだー!!
ヤッター!
こういうときのための省エネよ〜
江戸っ子

親の常套句「うちは貧乏だから」

夫と入籍するとき母が挙げた私のセールスポイントがコレ
この子は貧乏に強い
ほかになんかなかったんかい
そして誇らしげな自分
いや〜それほどでも
※ほめられたわけではない

実際に「ウチは貧乏だからね」と言われて育ってきた私には『あるもの満足』の精神が根づいています
なくても生活に困らないものはいらない!
清貧

さて今回取り上げたいのはそんな幼少期を過ごした実家での貧乏暮らしについて
30代の母
ウチは貧乏だからネッ
I ♥ NY
昭和時代

まずすべてのものがお下がり
姉①
姉②
いとこたち
服
水着
靴
体育着
裁縫セット
私
リュック
楽器
書道バッグ

ジュースを飲む文化がない
水 or お茶
おやつはふかしイモ

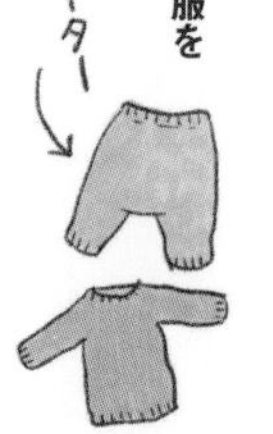

着古した大人の服をリメイクした服
元母のセーター

鼻をかむのはティッシュではなくトイレットペーパー
↑万能
お出かけ先はいつも野山

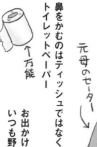

「この子は貧乏に強い」というパワーワード

「うちは貧乏だから!」と言われて育った幼少期。
おかげでお金のかからない大人になりましたが、真実は…。

クリスマスも誕生日もこれといったお祝いもプレゼントもなく
幼稚園でお祝いする行事だと思っていた
幼稚園でもらったよー
ペケル
おめでとう
そんな私を見て　たまに姉たちが
姉①（11歳上）
姉②（8歳上）
ペケル（私の仮名）ってなんかフビンだよね…
うんフビンだよね
?
と言っていたがフビンの意味を知らなかったので気にしなかった
フビンってどんなビン?
と、このように表向きは貧乏ということになっていた実家だがじつはバブルの恩恵を受け着々と資産を増やしていたのだった
バブル全盛期
不動産
節約と資産運用で家庭の経済を回しまくるやり手主婦
ホホホ
¥10000
投資
そんなお家事情など知る由もない私は
うちは貧乏だからいろいろ欲しがらないようにしないとな
と常に思っていた
マジフビン!!
子どものうちからぜいたくしてたらロクな大人にならないでショ
そのおかげでなに事にも耐え得るたくましさが身に付いたじゃない
確かにお金がかからない人間になったけどおかげで志がいつも低めだよ…
漫画読んでオカツ食べるのが人生最大の幸せ、みたいな
そんなわけで自分にお金をかけずにきた人生ではありますがここにきて歯科矯正に80万円以上かけることになり
お金かけすぎてバチが当たったらどうしよう…
背徳感を抱きながら生きている今日この頃です
い〜
家計改善はどうなってんだ

実家の暖房代節約

ネタ探し中
ミ〜ン ミンミン
ミンミン ミ〜
冬の節約ネタかぁ〜
今9月だから
パッと思いつかないなぁ
セミ鳴いてるし…
ギィ
ギィ
冬…冬…
冬といえば…
建て替える前の実家
めちゃ寒かったな…
木造2階建て
朝起きると
息が白くて鼻先キンキン

そんな実家の暖房設備はおもに石油ストーブと両親がDIYしたダイニングテーブルコタツ

これが**ダイニングテーブルコタツだ!!**

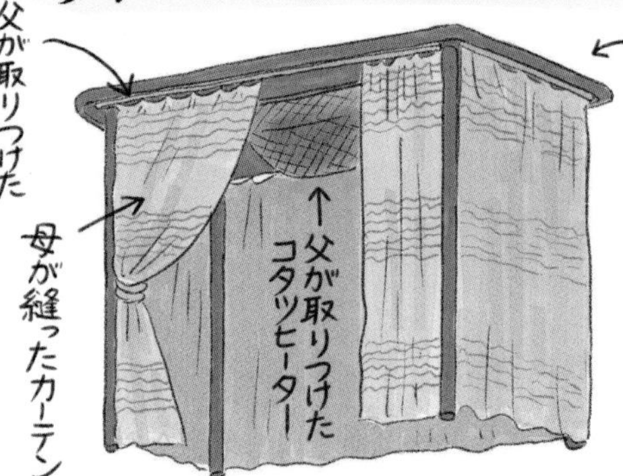
元々フツーのダイニングテーブル
父が取りつけたカーテンレール
↑父が取りつけたコタツヒーター
母が縫ったカーテン

市販品で売ってるものでもつくれそうなものはなんでもつくるのが実家流

石油ストーブは常になにかのせられてた記憶
おもにヤカン
たまに鍋
ポトフとか小豆とかおでんが仕込まれている
余すことなく利用される熱源
一石二鳥感がハンパない

ヤカンがいつも置かれていて湯が沸かされているので
ハッ
あらっまた
お湯が沸いちゃったワ!!
シュン
シュン

お湯ジャンジャン使わないと!!
ハイお茶
飲んで
6杯目
強制的にお茶を飲まされていた

「犬も貴重な熱源」！ 節約の新しい視点です

暖房費節約で思い出すのはかつての実家の習慣のこと…。

強烈な個性でおなじみ実母のワザが光ります！

使いきれなかった湯は魔法ビンや保温水筒に入れられる
アラ困った!! あいてるのがない！
お父さ〜ん あいてる水筒まだある〜!?
もう一本あるゾ〜
もっとお茶飲んで飲んで！
ズラ〜
家じゅうのポット類総動員
そして最大の防寒対策 それは
厚着!!
「寒ければまず服をもう一枚着る」のが昔からの母のモットー
30年前
寒い 暖房つけて
もう一枚着なさい
省エネ省エネ!!
真冬に実家に集まるとこのモットーに従い全員が厚着をして過ごしていた
屋外とほぼ同じ格好
おかえり
姉1
祖母
姉2
犬も貴重な熱源
息が白くなる玄関
そんな実家だったが建て替えてからはとても暖かい
朝起きて息が白くない!!
実家で生まれて初めて寝汗かいたわ〜
それに比べるとウチは光熱費かけすぎかもね
お母ちゃん暑いから脱いでいい〜!? アッチ〜
床暖房＋エアコン
過剰なくらい暖かいもんね
よし！ この冬は床暖房を使わないで過ごしてみるか！
目指せ光熱費マイナス5000円!!
寒くなる頃にはすっかり心が折れていると予想

実母のものもちがよすぎる

節約上手な母は簡単にものを捨てない

あ、それ捨てないで取っておくから

菓子折の包装紙

なにに使うの?

なんか包むとか?

揚げ物のときの油きりに使うのよ

厚みがあるからよく油を吸うのよ〜

確かに包装紙って大きいし厚みあるし油きりにピッタリだね!

下に新聞紙を敷けば吸収率もUP!!

裏面を使えばインクもあまり気にならない

すばらしいほどのもったいない精神…さすが省エネの女王

心の中で勝手に呼んでる

SDGsを地でいってるぜ…

祝箸の袋なんかも広げれば十分な大きさになるのよ

ペーパータオルの節約になりそうです

そういえば、実家ではずっと前から包装紙やあき容器などが至るところで再利用されていて

水彩画が趣味だった祖母

みそ
みそ

筆洗いとして再利用されるみそのあき容器

ヨーグルトのフタでニンジンのヘタを水栽培

ヨーグルト 生乳100%

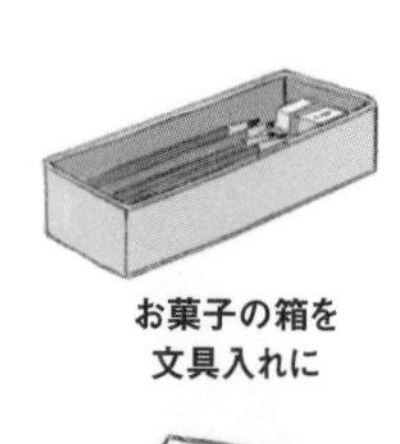

お菓子の箱を文具入れに

かわいい柄の包装紙をブックカバーに

すばらしき「もったいない精神」。省エネの女王！

「SDGs」が注目される昨今。ものを再利用するのは大切なこと。
もったいない精神あふれる実母のスピリット、受け継ぎたい！

そんな環境で育ってきた私もまたそのスピリット（精神）を受け継いでいます
あら ラップがきれてる
たとえばラップの芯
あるときは肩たたき棒
ポン
ポン
あるときは青竹踏み
フミ
フミ
あるときはマッサージ棒
きもちぇ～
癒やしの三大活用
豆腐のあき容器
絹とうふ
カットした野菜
生ゴミ入れとして
タッパー・バット代わりに
そのほかにも…
引き出しの仕切り
納豆の辛子入れ
ビー玉入れ
（取り出しやすく戻しやすい）
牛乳パック
▲生もの用のまな板代わりに
カードサイズにカットしてスクレーパー代わりに▼
▲絵の具のパレット代わりに
長男の机の上なんかリサイクルの見本市みたいになってる
ゴミ入れ（紙袋）
筆洗い（焼きのり容器）
のり
筆立て（サイダーのびん）
塗料入れ（スニーカーの箱）
あるもので代用しすぎ!!
ドライバー入れ（腕時計の箱）
作業マット 梱包用クラフト紙
工具入れ（ねん土ケース）
そしてそのもったいないスピリットは長男に…
靴下に穴があいたけどまだはける！
それは捨てて!!
かたくなに捨てようとしない

番外編

節約上手な人の共通点

雑誌を読んでいたら
興味深い記事を見つけました
ほう！
節約上手さんの
共通点とな！
その①
「隙間時間の使い方や
ついで作業が得意」
ついで作業なら
私の得意分野だけど…
①料理しながら
②YouTubeを観て
③こぼした汁を足でふく
「頭の中で次になにをするか
考えながら行動していて
時間を効率的に使える」
ゆえに
「時間をお金で買う
必要がない」か…
なるほどね～
じゃあ私は全然
該当しないわ
ヤバイ！
このままだと
夕方までに
入稿できない
ごはん
つくる時間が
惜しい！
今日のごはんは
中華屋さんで
テイクアウト
しちゃおう
時間をお金で
買った瞬間
その②
「外食が少ない」
外食はゼロだけど
テイクアウトは
週1ペースだな～
1回4千円くらい
ダメじゃん
その③
「冷蔵庫が
スッキリしている」
うわ…
「冷蔵庫が整頓
されていると
どこになにが
入っているか
どの食品から
使うかなど
把握できて
食品ロスや
食材のダブりを
防げる」
耳が
イタイ

この素直さがあれば、節約が苦手でもきっと大丈夫！

「節約上手な人の共通点」という雑誌の記事を見つけました。
自分はいくつ当てはまるかチェックしてみたところ…。

うちの冷蔵庫なんてカオスの代名詞みたいになってるもんね…
ごちゃ〜
とりあえず今日のところは見逃してやろう
いつも見逃してる
パタン…
その④「部屋やクローゼットが整理整頓されている」
ウッ
グサッ
理由は冷蔵庫と同じか
クローゼットが整頓されていないと、必要なものがすぐに取り出せないまたは見つからない
←
新たに買って同じようなものがダブる
あれ？
ないな〜
しょうがない 買おうか…
これはうちのあかずの扉のことだな…
あれ〜？買ってあったのにな〜
わたし…節約上手の条件からことごとく外れてる！
よし!! 今年は節約上手さんに共通することを片っ端から実践してみよう
ステキ主婦
まずは…消費期限をオーバーした食品の最後のとりで…
冷蔵庫の中身の断捨離をします！
なにかの肉
冷凍焼けした食パン
カサカサの魚の干物
いつかのお手製のパン粉
そして今年こそ節約上手さんになれますように…！

結婚前と後での変化

今となっては、はるか昔の
ことのように感じる
2人暮らし時代を思い出してみました
わたし
夫
20代
職人弟子
30代
会社員
都内の賃貸マンションに
住んでいた

休日は近所のビストロでブランチ
前菜からデザートまで
時間をかけて楽しむ
このコンフィ
最高においしい…
ね〜

街に出て買い物したり
美術館に行ったり

バッチリメイク

ちゃんとした服

カフェに入ったり

オシャカフェ

ウナギを食べに
行ったり

あの頃の休日デートは
一日じゅうお金を使っていた
ような気がする

当時の写真

今はそもそも休日に
2人きりでデートする
機会もないもんね

うちの休日風景

ソファに
座りたいんだけど…

お金をかけなくても十分幸せ…それがいちばん

今やなつかしい、夫との2人暮らし。お金の使い方はずいぶん
変わったけど、家族と一緒ならいつでも幸せ!

平日は2人きりといえば2人きりだけど…
自宅で残り物ランチ
あ〜〜っ
またこの人たち事件に巻き込まれたね!!
おねがい助けて!!
Netflixの海外ドラマをお昼時に観るのが毎日の楽しみ
スーパーへ買い物がてらウォーキング
スッピン
ジャージ
ある種のデート
20%引きだった和菓子でティータイム
ほっこり…
さて後半もがんばるかね
もみじまんじゅう
月餅
…15年前に比べると驚くくらい自分たちにお金を使わなくなったよね
ホントね〜
アイスだって昔はハーゲンダッツだったけど、今はスーパーカップだもんね
貯蓄第一!!
よねぇ〜
しかも半分こ
若い頃はお金をかけることで満たされる部分もあったからな〜
服
時計
靴
食事
今はお金をかけなくても十分楽しいし幸せだよ
たとえこの先無一文になっても家をなくしてもスーさんとなら楽しく過ごせるわ!
いや、それはちょっと…
ムリ!
幸せな老後のためにも節約してお金を貯めようと思います

そうめんチャンプルー

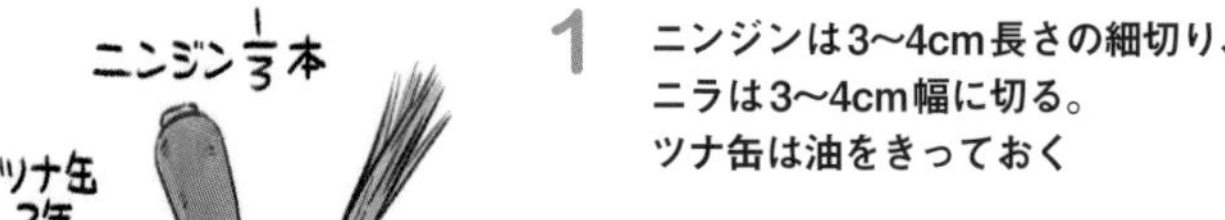
ニンジン$\frac{1}{3}$本
ツナ缶
2缶
ニラ$\frac{1}{2}$束

1 ニンジンは3～4cm長さの細切り、
ニラは3～4cm幅に切る。
ツナ缶は油をきっておく

ゴマ油
大さじ$1\frac{1}{2}$

2 そうめんを硬めにゆでて、
サラダ油をまぶしてほぐす

3 フライパンにサラダ油大さじ1を熱し、
1のニンジン→ニラの順に炒め、
火がとおったらいったん皿に取り出す

塩少々
かつおだし
小さじ1.5
Finish!

4 フライパンに1のツナを入れて軽く炒め、
2のそうめんを加え、混ぜながら炒める。
3を加えて、塩、コショウ、だしの素、
しょうゆで味つけして完成

豆腐ハンバーグ

500Wで3分

玉ねぎ1/2個

木綿豆腐150g

豚ひき肉 200g

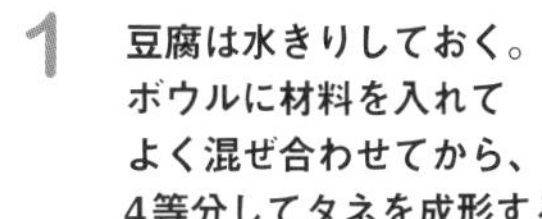
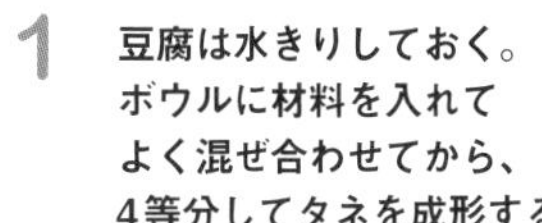
塩小さじ1
コショウ少々

パン粉
パン粉50g

1 豆腐は水きりしておく。
ボウルに材料を入れて
よく混ぜ合わせてから、
4等分してタネを成形する

2 フライパンにサラダ油を熱して
1のタネを焼く。焼き色がついたら裏返し、
フタをして3～4分蒸し焼きにする

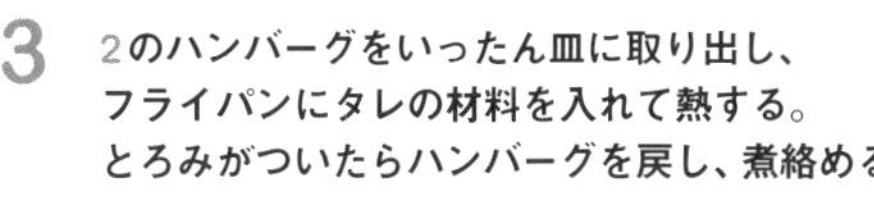

3 2のハンバーグをいったん皿に取り出し、
フライパンにタレの材料を入れて熱する。
とろみがついたらハンバーグを戻し、煮絡める

しょうゆ
みりん
酒
大さじ2
砂糖 大さじ1

Finish!

第6章

教えて畠中先生！ぶっちゃけ家計相談

教育資金の貯め方や、「老後2千万円」問題。
難しくて先送りにしてきたことを
お金のプロに相談してみました。

2022年・夏
さーて単行本の描きおろしどんなこと描こうかな～
のび～～

この漫画ってものすごく規模の小さい個人的な節約ネタが多いから
たまには読者の学びにつながるような芯のある内容のものを描いてみたいなあ
くる
くる
マルサイの得意分野はハードル低めの広くて浅いエッセイです

たとえば教育資金の貯め方とか老後2千万円問題とか?
この私にそんなディープな話題を扱えるのか…?
説得力なさそ～

いや!
ガバッ
あと数年したら受験だ進学だでお金がかかるようになるわけだし
そろそろまじめに家計と向き合わねば!

いっそのことプロに直接聞いてみるってのはどうかな
プロかあ～
難しい話をされたらどうしよう…
数字いっぱいの話とか理解できる気がしない

でもいつまでも苦手だからといって※夫に丸投げするわけにはいかない!
私もお金のこと勉強しなくちゃ
※主に固定費の管理を丸投げ
頑張れマルサイ!!
とりあえず担当のMさんに相談してみよう
お金のプロにお金の不安点を聞いてみたい、と

さっそく
Mさんからお返事

いいですね！
FPの方を探してみます

FP？

FPって
なんだろう…

まぁ
いいか…

というわけで
ファイナンシャルプランナー（FP）の
畠中雅子先生に
お金のお話を聞くことに！

畠中雅子先生

3児の母としての、生活実感あふれるマネーアドバイスに定評がある。「高齢期のお金を考える会」を主宰。著書に『おひとりさまの大往生　お金としあわせを貯めるQ&A』（主婦の友社刊）など

なるほどー
FPね!!
なるほど
なるほど

オンラインで対面
まずマルサイさんに聞いておきたいことが2つあるんです
ハ…ハイ…
難しいこと聞かれたらどうしよう…
畠中先生

ローンは残っていますか？
理数系が得意なお子さんはいますか？

えっそれだけ？
その2つだけ答えればいいの？
え〜〜っと
ローンは残っていて…
理数系は…二男が得意といえば得意だと…思います
ドキ
ドキ
もっと根掘り葉掘り聞かれるかと思って身がまえてたけど…
キンチョーしてる

1．ローン返済
あと何年残ってますか？
ローンの残額って分かります？
え〜とだいたい××万円です…
え〜とおそらく…
※ローンについても夫に丸投げでアヤフヤ

ローンは1年でも短く
返し終えたほうがいいです!
ドン!
核心!

老後にローンを残すと
年金の多くを
返済にあてることに
なりかねません
ズバッ
ううっ…
それだけは
避けたいですっっ
コワイ〜

お金が貯まり次第
繰り上げ返済しようと
思っているんですが
一向に貯まらなくて…
三兄弟の教育資金
あとまわしにされる
くり上げ返済
¥10000
¥10000
あれも これも
貯めねば…
まとまった額を
貯めようとすると
どうしても時間が
かかってしまいますよね

たとえば
現状の返済に
8000〜1万円
上乗せする…
それだけでも
短縮効果は絶大です
ちょっぴり
上乗せ!

ちなみに
ネットバンキングなら
手数料無料で
少額でも繰り上げ
返済が可能ですよ
そっか…
窓口だと手数料が
かかるんですもんね
よく知らないけど…

それから
あまり知られて
いないのですが
返済プランは
「条件変更」が
できるんです
条件変更?
条件変更

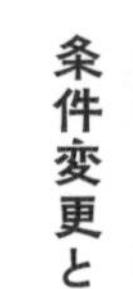

条件変更とは

・月々の返済額を増やす
・月払いからボーナス併用払いに変更する
↓ 返済期間を短くできる

・ボーナス併用払いから月払いのみに変更する
↓ 月々の返済額が増える

現状の返済プランに
少額上乗せしたり
ボーナス払いを
追加したりすれば
2〜3年は短縮
できます
なるほど!
貯まるのを
待っているより
着実に返して
いけそうですね
ゴール
2〜3年早く完済!

とにかく元気に
働けるうちに
前倒しで返して
老後のリスクを
減らしていきましょう
はい〜〜
がんばります!

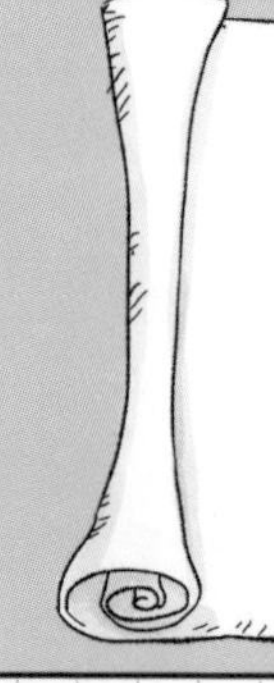

畠中先生の教え

・返済期間は30年、35年などの5年単位ではなく、1年単位で考えて、1年でも短く組む

・ボーナスが出ている人は借入額の1割をボーナス払いに回すと月々の返済額を変えずに返済期間を5年短縮できる

・35年返済を選択した場合返済に窮すると「救済措置」を利用する羽目になるので慎重に

2. 教育費
最初に理数系が得意なお子さんがいるか聞いたのは
文系・理数系どちらを選ぶかで将来計画が大きく変わるからです
文系
理系
そんなに変わるんですか?
※理数系は修士課程の2年間も含めてカリキュラムを組む大学が増えている
文系は4年間で500万円 理数系は6年間で1千万円 文系より500万円ほど高いですね

500万円も!!
頼む…全員文系に進んでくれ…
3人分の教育費…考えれば考えるほどコワイです～
できたら高校も公立校に進学してほしい…

そう思いますよね～ でも実際は公立高校も私立高校もそこまで大きく変わらないんです
え!? どうしてですか!?
年収によっては国の就学支援制度、自治体の助成金を利用できるんですね
たとえば現在は年間40万円くらいの助成金が支援されます

2022年度 国の就学支援金制度と 東京都の「私立高等学校等授業料軽減助成金」
都の補助金
国の就学支援金
東京都独自の助成制度で469,000円まで
396,000円
118,800円
※世帯年収が基準を超えても多子世帯には59,400円まで支援
年収目安
590万円
910万円

また私立高校は受験指導に力を入れているところが多く
予備校に通わせる必要がない学校もありますよ
予備校
提携
高校
塾講師が学校に来て授業をするという学校もある
もしかして…公立高校に通いながら予備校に行くより教育費がかからないっていうこともあり得るんですか!?
じゅうぶんあり得ますよ

そうなんだ全然知らなかった…!

なにはともあれ教育費を貯めるのはお子さんが小さいうちがチャンスです!

まずは文系の学部に進学することを前提として５００万円を目標に貯めていくことをおすすめします

貯蓄するのに学資保険はどうでしょうか
編集Mさん
1歳になったお子さんがいる

教育費の確保を優先するなら学資保険を活用してもいいと思います
5年、10年の短期間で払い終えると早い段階で大学卒業までの学費が用意しておけて安心ですね。ただ、0歳か1歳までのお子さんにおすすめの準備方法です

学資保険について

- 月々払う保険料の多くが積み立てに回され、大学時代に学資金として受け取れる
- 契約者が亡くなった場合、それ以降の保険料支払いが免除されたうえで、学資金は契約時の約束どおり受け取れる

それから児童手当は手をつけずに貯めていきましょう
児童手当て専用の口座
△×銀行
普段の口座と分けるのがポイントです
最近三兄弟それぞれに口座を開設したマルサイ家
手を付けないぞ！
・学資保険に入る
・児童手当を貯める
この2つを実行すれば大学時代に必要な教育資金を貯められますよ～
学資保険入ります！
……
学資保険…入ればよかったナ…
お話を聞いているとつくづく自分の勉強不足を実感します…
家計管理も苦手で遠ざけてきたし…家計簿もちゃんとつけなくちゃ
じつは私家計簿つけるのも節約も苦手なんです
なんですと!?
節約よりも使うほうが大好きなんです(笑)
うふふふ
お金のプロなのに!?
ええ～～!?じゃあ家計の管理はどんな感じになさっているんですか？
すごく気になります…
「貯金簿®」をつけてます！
ちょきんぼ…？
3．貯金簿®

家計簿はお金が減っていくばかりで楽しくないし1年でいくら貯まったのかわからないじゃないですか
楽しくないに共感!!
ウン
ウン

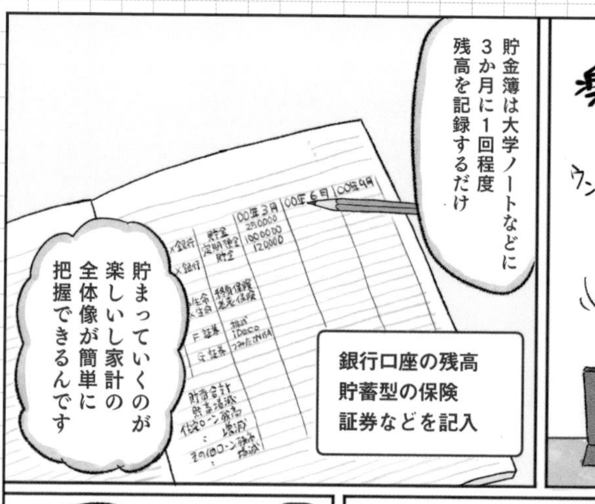
貯金簿は大学ノートなどに3か月に1回程度残高を記録するだけ
貯まっていくのが楽しいし家計の全体像が簡単に把握できるんです
銀行口座の残高
貯蓄型の保険
証券などを記入

1年間でどれだけ貯金が増えたか一目瞭然!やる気も出ますよ~
残高が減ったらやりくりを見直しましょう

貯金簿はズボラ向け
「去年より増えたからおおむねOK!」っていうザックリ感…まさに私向きのお金管理法ですさっそくやってみます!

4.子どもの金銭感覚
お金の管理といえば子どものおこづかいをどうしようか考えていまして…
小5
中1
小2

おこづかいって家庭によっていろいろと与え方があると思うんですけど…
定額制
毎月○千円泣いても笑っても○千円ポッキリ!
あざーす!
あなたのおうちはどのタイプ?
マルサイ家は申告制

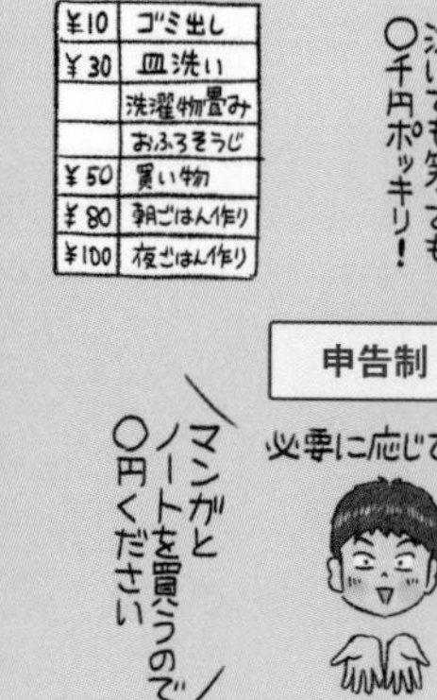
報酬制
¥10 ゴミ出し
¥30 皿洗い
洗濯物畳み
おふろそうじ
¥50 買い物
¥80 朝ごはん作り
¥100 夜ごはん作り
申告制
必要に応じて渡す
マンガとノートを買うので○円ください

金銭感覚が養える方法があればぜひ教えてほしいです
正しくお金が使える人に育ってほしい!

畠中先生ありがとうございました！

そうですね
中学生くらいになったら定額を渡してそのなかでやりくりしてもらうのがいいかもしれませんね
¥1000
¥1000
プラモ買いたいから来月まで貯めておこう
余ったら貯金したりたりなくなったら原因を考えたり
金銭管理が身につくと思いますよ
うちの長男はなんでも私に買ってきてもらおうとするので
定額制にして自分でやりくりしてもらおうと思います！
お母ちゃん買い物ついでにノート3冊買ってきて〜
くつ下に穴あいたから買ってきて〜
ついでにオヤツ買ってきて〜
あと自分で買い物に行ってほしい
母はパシリじゃないぞ！
わが家は家計について子どもの前でも赤裸々に話しているのですが
今月の売り上げは…
ローンの返済が…
年金が…
NISAが…
このままだと老後が心配…
あまりオープンにしないほうがいいのでしょうか
とてもいいと思いますよ！
親が家計の状況や生活設計をある程度伝えていると
子どもはできるだけ負担をかけないよう行動するようになるんです
「お金の心配はしなくていい」「あなたは勉強だけしていればいい」という姿勢はNGです
子どもの金銭感覚をマヒさせかねませんから
NG
お金のことは考えなくていいよ〜
太っ腹
ヨシ！安心してすねをかじり続けよう
スネカジリ育成中
家族でお金の話をしよう！
まとめ
先生のお話を聞いて自分の現状がどんどんクリアになり、今なにをするべきか明確になりました。
また無知であることが不安の原因ということにも気づけました。
「苦手だ」と逃げていた家計管理。子どもの将来のためにも明るい老後のためにも今やれることをガンガンやっていこうと思います！

おわりに

連載時のタイトルは『体当たり家計改善』でした。
その名のとおり、家計を改善するべく体当たりで
さまざまな節約に取り組んできました（そうじゃない回もあるけれど）。

最初は右も左もわからず
食費を抑えることしかやりようがなかったのですが、
ポイ活をしたりガス料金減額に挑んだりと、
回を重ねるにつれ家計に対する意識が高まり、
どうにかこうにか老後を見据えて貯金するという
人並みのところまでたどり着きました。

とにかく元気に働けるうちに前倒しで返して老後のリスクを減らしていきましょう
はい〜〜がんばります！

たとえこの先無一文になっても家をなくしてもスーさんとなら楽しく過ごせるわ！
いや、それはちょっと…
幸せな老後のためにも節約してお金を貯めようと思います

でもまだゴールではありません。むしろここからが本番！
教育費、老後資金、ローン返済などなど、
お金の不安と背中合わせの日々ではありますが、
家族を巻き込みつつゆる〜くゆる〜く節約に励んでいこうと思います。

マルサイ

皆さんもぜひやる気度に合わせてつくってみてくださいね♡
最近のデザートヨーグルトにジャムのっけたやつばっかだねー

マルサイ

エッセイ漫画家。三兄弟の母。
男子たちとの愉快な日常を絵日記にした
インスタグラム(@maru_sai)が人気。
日々の食卓を撮影したごはんアカウント
(@ura_maru_sai)も更新中。

ブックデザイン
タキ加奈子、竹尾天輝子(soda design)
DTP
坂田瑠菜
校正
小出美由規
編集
宮川彩子

ズボラ母さんの
ゆる貯め節約術

発行日　2023年2月23日　初版第1刷発行

著者　マルサイ
発行者　小池英彦
発行所　株式会社 扶桑社
〒105-8070
東京都港区芝浦1-1-1　浜松町ビルディング
電話　03-6368-8873(編集)
03-6368-8891(郵便室)
www.fusosha.co.jp
印刷・製本　凸版印刷株式会社

本書は、『ESSE』2019年1月号~2023年2月号に掲載された内容に、描きおろしを加えたものです

ISBN978-4-594-09299-3